诗·乐·空间

左芝兰 著

文汇出版社

目录

1 少成都，老成都

59 怀园·怀远

119 王光祈

205 春在二〇二〇

239 蜀道之上

儿童合唱剧

少成都，老成都

内容梗概

剧目立足于成都市井,以老成都院坝里的普通小姑娘鹦哥和她的小伙伴贯穿通篇,写他们童年的欢乐,少年的懵懂,也写他们成人后生活的酸甜。

全剧分上下半场。上半场写少成都。所谓少,既是指不老的童年,也是指童谣里不老的成都,童年的无忧无虑、天真烂漫。下半场写老成都。老者,久也。写成都地区的世情百态,表现蜀人的乐观戏谑、执拗倔强、苦中作乐的品性。童年天真烂漫的鹦哥与成人后酸甜苦辣的鹦哥并行不悖地存在于这个城市,勾描出老成都活泼泼的市相和温度。

结构布局说明

上半场:成人歌队(歌队1),儿童表演为主,借助游戏呈现童年成长主题

下半场:儿童歌队(歌队2),成人表演为主,借助市井生活呈现城市变迁

上下两部分汇聚,集中表现人与城市的主题:人是城市中的灵魂,城市是人的港湾。时代在变,城市在变,那份乡

愁,那份眷恋,历久弥新。是为老成都,少成都。

场　景： 成都市内某一院坝
时　间： 头天傍晚至第三天清晨
人　物： 共计50人左右,由歌队和演员两部分组成,有相互穿插

　　鹦　哥：" 鹦哥" 是成都地区普通的女孩名字,也指
　　　　　　" 鹦鹉",四川方言读作" 恩哥儿"
　　毛　娃：鹦哥的小伙伴。院坝里一起长大的小孩
　　　　　　其余小伙伴(牛牛、春哥、琳娃子等)
　　润　儿：鹦哥女儿,可由童年鹦哥扮演
　　　　　　同理,润儿的小伙伴可由上半场鹦哥童年伙伴
　　　　　　扮演
　　妈妈、外婆、爷爷、奶奶、街坊、茶客、渔翁
　　各种小贩(货郎、捡瓦匠、磨刀客、卖零食百货等不一而足)

舞台人物布局说明

1. 舞台上的人物一部分是歌队演唱者,一部分是参与嬉戏、表演的儿童,这两部分的角色有时也会相互渗透,甚至互换,从服饰、年龄上有意造成视觉上、时空上的冲击,从而更好地表达城市与人的主题。

2. 剧中人物除了鹦哥、毛娃角色明确之外，其余成人、小孩只是年龄、身份上的标记，可以在上下场流动，以呈现发展的时代，持续、流转的风土和温情。

3. 鉴于老成都院坝里常有邻里喝茶摆龙门阵冲壳子，舞台周边会闲置一些桌椅。由于每首歌段唱法和设计的不同，每首歌段歌队人数并不一致，因而不出场的歌者正好就填补了茶客邻里的角色，从而成为记忆中老成都的参与者，也是观看者、回望者。这样既避免了上下场的间离和混乱，又打破时空，超越于时空，正好回应了主题。

【上篇·少成都】

【字幕】

【少城】

　　从古蜀国开明氏开辟少城,少城见证了成都近3000年的发展与演变,是成都城市之根。其中最为外人所知的宽窄巷子是中国的满城制度的缩影,完整体现了清朝满城演变。是老外眼中最中国的中国,最成都的成都。

　　无少城,不成都。

场景:傍晚时分,老成都院坝

【"当!"一声川剧锣鼓,幕后一句四川腔传来:
　　"幺儿嘞!快回来吃饭了啥!"
【幕启,一个成都地区随处可见的老院坝呈现于眼前,院坝里热闹非凡，三五成堆，大人们围着桌子抓两三颗花生米，抿口小酒，喙一盏茶，摇着蒲扇摆开了龙门阵。小孩子们窜来窜去，玩着各种游戏：鹦哥和其他几个女孩正在玩编花篮、跳皮筋、跳房子……大点的男孩在斗鸡、抽陀螺、扇烟盒……一群小孩则玩老鹰捉小鸡，还有的更小的，则盘在老人腿上，奶声奶气地唱着，做着简单的手指游戏

【祖孙游戏场景：拉锯，斗虫虫

1.《扯锯，还锯》（合唱、轮唱）

  童声念白：扯锯，还锯，
      家婆门口有本戏。
      请外孙儿，来看戏——

（游戏的小孩随机加入，边游戏边问答）
  男 孩：有没啥子好吃的——
  女 孩：（莽声莽气，学男孩口气）
      莫得啥子好吃的！

  歌队1：摇摇摇，摇到外婆桥，
      摇摇摇，摇到外婆桥，

  鹦 哥：糖一包，果一包，

外婆给我做甜糕。

毛　娃：（插嘴）吃一包，拿一包。
　　　　外婆夸我好宝宝。

歌队1：摇摇摇，摇到外婆桥，
　　　　摇摇摇，摇到外婆桥，

歌队1：外婆问我妈妈好不好？
女　孩：我说——好！
歌队1：外婆问我爹爹好不好？
男　孩：我说——好！

合：外婆听了眯眯笑。
　　眯眯笑……

童声念白：扯锯，还锯，
　　　　　家婆门口有本戏。
　　　　　请外孙儿，来看戏——

男孩（合）：有没啥子好吃的？

歌　队：牛肉包子夹狗屁！

【音乐过渡，《红萝卜，呡呡甜》的旋律起，小孩队形随之变

化，分布于各个游戏小组，随机分散聚合

2. 《红萝卜，呡呡甜》（合唱、轮唱）

红萝卜，呡呡甜，
看到看到要过年。

金瓜瓜，银瓜瓜，
田头瓜棚摘瓜瓜。
胡豆花，豌豆花，
灶神老爷偷锅巴。

狗捡柴，猫烧火，
耗子擀面笑死我。

（歌队）：酸酸草，红根根，我是家婆的亲外孙。
　　　　　我从家婆门前过，家婆喊我进去坐。

鹦　哥：外婆——
　　　　吃啥子？

歌　队：公鸡公鸡真漂亮，
　　　　请你吃把玉米花！

鹦　　哥：外婆——我想吃豆腐，

歌　　队：推磨，推磨。
　　　　　推豆腐，赶晌午，
　　　　　娃娃不吃冷豆腐；

鹦　　哥：外婆——我想吃糖糖，

歌　　队：推豆腐，赶乡场，
　　　　　卖了豆腐买糖糖。
　　　　　糖糖就在街北巷。

（几个男孩勾肩搭背排成一排雄赳赳地过来）

男孩们：北巷子的锅盔打得响，
　　　　一个锅盔重八两，
　　　　三个锅盔一斤半。

　　　　外婆、外婆——
　　　　我们看到打锅盔了！

歌　　队：黄豆黄豆圈圈，
　　　　　簸箕簸箕圆圆，
　　　　　腾腾腾
　　　　　锅盔哪有饭养人！

男　孩：嘻！外婆——那吃啥子嘛？
　　　　未必吃嘎嘎哇！

歌　队：黄酥黄酥蚂蚂，
　　　　请你妈妈来吃嘎嘎。

鹦　哥：妈妈不能空手来，
　　　　逮只雁鹅送过来。

女　孩：雁鹅雁鹅扯长，一扯扯到东校场。
　　　　不宰鸡，不宰羊，逮个耗子过端阳。

歌　队：黄酥黄酥蚂蚂，
　　　　请你家公来吃嘎嘎。

毛　娃：家公不能空手来，抱个砂罐一起来！

歌　队：酒窝窝，猪油罐，
　　　　汤汤水水一砂罐。
　　　　罐罐煨，罐罐煮，
　　　　罐罐煨，罐罐煮，
　　　　……

鹦　哥：急得毛娃摸屁股。

歌　队：罐罐煨，罐罐煮，
　　　　罐罐煨，罐罐煮，
　　　　……

女　孩：哦嚯——！
　　　　罐罐儿漏了！

歌　队：罐罐漏了啥子补？

【正在游戏的小孩扭头齐声回答
　男　孩：牛屎补！
　歌　队：老天漏了啥子补？

（旁边鹦哥歪过头来，插话）
　鹦　哥：毛娃儿的大脑壳补！

歌　队：大头大头，下雨不愁，
　　　　人有雨伞，我有大头！

　　　　大头大头，太阳不愁，
　　　　人有草帽，我有大头！

毛　娃：鹦哥，少扯闲话——
　　　　外婆最后给你吃的啥子？

（其他小朋友一起围了过来）

  鹦 哥：甜瓜子儿，香香嘴儿，
      盐瓜子儿，颗颗脆儿，

  歌 队：巴巴掌儿，油旋饼儿，
      花脸巴儿，偷油渣儿——

  毛 娃：晓得了——
      一人一巴掌儿。

  歌 队：小馋猫儿，香香嘴儿，
      哈巴狗儿，摇尾巴儿，
      黄牛肉儿，鲜包子儿，
      外婆疼外孙儿，
      不如抱草墩儿。

（众小孩哄笑，四处散开，远远红萝卜歌谣声又起。川剧声腔）

  合 唱：红萝卜，呡呡甜，
      看到看到要过年。
      ……

（重复，渐远）

3.《点脚斑斑》(轮唱／重唱)

【前段音乐渐渐过渡到念白,一群男孩正玩点脚的游戏:一边拍手一边唱,用脚和着节拍。旁边另外几个女孩正在玩编花篮的游戏,三四个小姑娘围成一个圈,各伸出右腿互相钩在一起,然后面朝外,一边拍手一边跳,边跳还边唱,鹦哥穿梭其间

(说明:两个游戏具有相关性,都是拍手和脚的游戏,无论是唱词还是动作,都可以协调和自然过渡,无论是游戏还是歌唱,鹦哥和毛娃是其间的关联人物)

(逐渐渲染至男孩和女孩争斗比赛的氛围)

  男 孩:点脚斑斑,脚踏南山。
      南山大斗,一石二斗。

  女 孩:编,编,编花篮,
      花篮里面有小孩,
      小孩的名字叫翻山。

  男 孩:点脚斑斑,脚踏南山。
      南山大斗,一石二斗。

  女 孩:翻,翻,学翻山,

　　　　　翻到南山摘牡丹，

　　　　　南山开满红牡丹。

　　歌　队：猪蹄马蹄，四马攒蹄。
　　毛　娃：每人缩脚，大枝花儿割只脚。
　　歌　队：猪蹄马蹄，四马攒蹄。
　　鹦　哥：大脚小脚，踩个窝窝。

【音乐渐渐激烈
　　毛　娃：割只脚
　　鹦　哥：翻不过
　　男　孩：大枝花儿割只脚
　　女　孩：大脚小脚慢慢挪

　　鹦　哥：大枝花儿，打花鼓儿，
　　　　　打花鼓儿，绕花线儿，
　　　　　绕花线儿，一个毽儿，
　　　　　妹娃们——
　　　　　踢毽子！

【鹦哥话音刚落，几个小女孩踢着毽子从四面八方上，毽子高高飞起，一时间，舞台上全是五颜六色飞扬起落的毽子
　　歌　队：一个毽儿，踢两半儿……
　　　　　里踢外拐，八仙过海

......

  毛 娃：（猛的一声）弟娃们——

      铁环，滚起！

【毛娃话音刚落，几个滚铁环小孩从四面八方上，叮叮当当的勾铁环的声音四起，男孩子们敏捷地穿梭在女孩间。空中的毽子开始稀稀落落

【音乐愈加激烈，有几个老人提着鸟笼上，里面有画眉、鹦鹉（俗称鹦哥），将鸟笼挂在树上，就着树下桌椅喝茶闲侃，踢毽子的鹦哥和女伴们被滚铁环的小孩们干扰，起落的毽子不断地被挡住

  鹦 哥：毛娃，你们让开！

【毛娃一个后勾腿，正好接住面前的毽子，顺势踢到空中

  毛 娃：气啥子，我在帮你的嘛——

      狗咬吕洞宾，不识好人心！

  男 孩：芭蕉宝扇汉钟离，

      我来帮你们往高里踢！

  女 孩：曹国舅，铁拐李；

      你们给我滚到一边去！

  男 孩：（反踢毽子）快看——倒骑毛驴张果老！

  女 孩：滚你个吕洞宾，假充好人心！

【女孩们停下来，推搡着滚铁环的男孩。被推的男孩子们站着马步，死活不动。两三个小小的男孩不太明白发生了什么

事，依旧滚着铁环。鹦哥真的生气了

  鹦 哥：毛娃，你们要爪（zhuà）子？走开！
【毛娃和所有男孩立马定格，原地不动，做鬼脸
  毛 娃：院坝又不是你一家的——
      不让、就是不让！
      我们都是木头人，
      不能说话不能动。

  男孩（合）：我们都是木头人，
      不能说话不能笑，
      定——

4.《我们都是木头人》

【场上所有男孩立马原地不动，任随地上的铁环四处滚动。有清脆的声音传来，卖丁丁糖的老头敲着三角铁上
  歌 队：叮叮当，敲麻糖，
      面前挂个木箱箱……
【树上的鹦哥突然叫了一声
  树上的鹦哥：丁丁当——
【女孩们一窝蜂拥过去，男孩们心痒痒，转口就问
  男 孩：啥子糖？

树上的鹦哥：木头！木头！
（女孩们听到鹦鹉叫，立马转身，纷纷指着男孩）
　　女　　孩：木头、木头
　　　　　　　不能张嘴不能动！

【男孩们很要自尊，立即闭口，眼却随着卖丁丁糖的担子转动，苍老的声音响起
　　老　　头：丁丁糖——
　　歌　　队：有——甜的脆的糖麻花儿，
　　　　　　　嗯头儿糖、薄荷糖、棒球糖，软糖花糖
　　　　　　　珍珠糖烟杆儿糖，
　　　　　　　有——糖豆豆儿、牛肉松，
　　　　　　　酸酸儿、桂圆儿、南瓜子儿、人参米儿、
　　　　　　　甜酒曲儿，
　　老　　头：丁丁糖唉——

【树上的鹦哥又学
　　树上的鹦哥：丁丁糖唉——

【音乐起，《我们都是木头人》的旋律，女孩们吃着各色糖果，故意围着装木头人的男孩炫耀

　　歌　　队：我们都是木头人，
　　　　　　　不能说话不能笑！

　　　　我们都是木头人，

　　　　不能张嘴不能动！

　　　　我们都是木头人，

　　　　不能吸气钻狗洞！

　　　　动了要打一百一，

【鹦哥又重复，和着音乐，有点怪腔怪调

　　鹦　哥：只打一十一，只打一十一……

　　树上鹦哥：烦得很！烦得很！

【女孩们跟着哄笑，毛娃"腾"地一下跳了出来

　　毛　娃：不来了，不要了！

　　　　　　你家鹦哥烦得很！

【树上鹦哥继续跟着叫

　　树上鹦哥：烦得很！烦得很！

【女孩们对着男孩边笑边羞

　　女　孩：来呀、来呀！

　　　　　　毛娃——

　　　　　　你家鹦哥烦得很！

【男女孩们笑成一团，毛娃撵着鹦哥跑

　　合：鹦哥——牵鹦哥！

　　　　牵鹦哥——！

5.《鹦哥儿谣》(合唱、对唱)

【一部分小孩聚起来,玩牵鹦哥的游戏:七八个一组,每二人举手作拱,其余鱼贯而过,念毕恰在拱中者受罚

　　(童声,念白):鹦哥鹦哥你从哪里来?

　　　　　　　　我从北门山洞来。

　　　　　　　　北门山洞有好高?

　　　　　　　　万丈万丈高。

　　　　　　　　……

【童声减弱,《鹦哥儿谣》的音乐旋律起,光雾氤氲,小朋友们长大了

　　歌　队:鹦哥儿鹦哥儿你从哪里来?

　　　　　　我从北门山洞来。

　　　　　　北门山洞有好高?

　　　　　　千丈千丈高。

　　　　　　万丈万丈高。

　　　　　　十四骡子十匹马,

　　　　　　请你鹦哥儿过来耍。

　　　　　　过来耍!

　　(插话)人家鹦哥儿莫得空——

　　王婆婆,在卖茶,三个观音来吃茶。

后花园,三匹马,两个童儿打一打。
王婆婆,骂一骂,隔壁幺姑说闲话……

筒筒米,棒棒柴,
人家鹦哥不想来。

糯米酒,三大盅,
罚你鹦哥钻狗洞!

不来了、不要了,
不来了、不要了,

筒筒米,棒棒柴,
人家鹦哥儿要骑马马来,

糯米酒,三大盅,
迎我鹦哥进城来!

(念白)进城来!进城来!
　　　迎我鹦哥——
　　　进城来!

【光线渐渐过渡,黄昏

6.《逛成都》(合唱)

一进东门天涯石,二出南门五块砖。
三桥九洞石狮子,青羊宫里会神仙。

遇仙迎仙送仙桥,侧边有个二仙庵。
百花潭前双孝祠,冯家花园龙爪堰。
杜公祠挨草堂寺,浣花溪上坐画船。

鹦哥,到南门不——
要得!要得!

转过南门武侯祠,古柏森森高过天。
浆洗街上皮匠多,南来北往二金川。
南门桥头大当铺,挤满茶馆和旅馆。
进城三个火巷子,处处都是收荒摊。

等到起,我转哈摊摊——
(市井各种杂耍、玩意、叫卖出现,此起彼伏)

    雄浑的男中音:大头菜丝子,椒麻笋子——
    尖俏的女高音:麻辣萝卜干,好吃得很!!

    短脆的女声:豌豆、豆芽,耙豌豆,耙胡豆,芋

　　　　　　　合杆——

　　苍老的男低音：椒盐粽子啊——热哩！

十方堂，韦驮堂，红照壁来修得长。
瘟祖庙，川主庙，转过十字置茶道。

卧龙桥连拱背桥，青石桥下一洞桥。
半边街走学道街，走马街过东大街。
珠宝街有七宝楼，珍珠玛瑙看不完。

天要黑咯，鹦哥——快点嘛！
来咯、来咯！

　　　　　　（插入）卖冰糕的：冰——糕，
　　　　　　　　　　白糖冰糕、牛奶雪糕！
　　　　　　　　　　　　　　冰——糕，
　　　　　　　　　　菠萝豆沙，退凉解渴，
　　　　　　　　　　　　　　冰——糕！

三官堂前有渡口，雷神庙修望江楼。
古来就有薛涛井，水甜正好酿烧酒。
白塔寺高红瓦寺，坐船马上到江口。
东门大桥长春桥，城门洞里卖红苕。

　　　　　　　　　　　　蚊烟（13）——

　　　　　　　药蚊烟儿（2612）——

　　买（3）——二仙牌（231）——香料药蚊烟儿啰（216516）

　　　　　　蚊烟哩药蚊烟啰（6276516）——

　　　　　　　　　　　　　　　　　……

【黄昏更浓，街上人越来越少，院坝里热闹起来

【有小孩在踢毽子，有的在放竹蜻蜓，上空各种颜色的竹蜻蜓起落，飞扬的毽子，地面上女孩扎着蝴蝶结的小辫子、花裙子，舞台上很是缤纷

【老婆婆在哄孩子，有意无意，自言自语一般

　　老婆婆：升升米喃——把把柴——

　　　　　慢慢拖来——慢慢捱——

【一个小男孩骑着竹马，旁边跟着更小的一个，从台前区晃过，留下清脆的童声，时而清晰时而模糊

7.《竹马》

　　童　声：胖娃儿胖嘟嘟，

　　　　　　骑马上成都；

　　　　　　成都又好耍，

　　　　　　胖娃儿骑白马；

　　　　　　白马骑得高，

　　　　胖娃儿舞关刀；

　　　　关刀舞得圆，

　　　　胖娃儿坐轮船；

　　　　轮船倒个拐，

　　　　胖娃儿梭下海。

【外婆继续哄孩子，胖娃骑着竹马兜圈圈，老婆婆招呼男孩
　　……

　　外　婆：胖娃儿！过来哄妹妹——
　　胖　娃：叫鹦哥嘛！
　　外　婆：鹦哥鹦哥，鹦哥大咯。
　　胖　娃：大了有啥了不起的嘛！
　　外　婆：大了嘛，就像虫虫样，长翅膀飞了啥。

　　歌　队：斗虫虫，咬手手。
　　　　　　外婆家，吃酒酒。

　　　　　　斗虫虫，咬手手。
　　　　　　斗虫虫，咬手手。
　　　　　　……

【外婆继续哄孩子
　　外　婆：虫虫虫虫飞飞，
　　　　　　幺儿幺儿追追……

【光线过渡，天色转暗，院坝灯亮，树下零星的萤火虫

（画外）：虫儿飞，虫儿飞……

【胖娃骑着竹马，慢慢淡出

  胖 娃：飞咯……长大咯

    长大咯……好飞咯……

【院里窗下做作业的大男孩推开窗，望天空，飞出纸飞机

【更多的纸飞机飞了出来，夜幕渐渐降临

【星月、屋檐，嘈杂声渐渐过滤，院坝里（后区）几个老人坐在竹椅上，有一搭没一搭地闲聊了会，端着茶盅走了。（右前区）几个不愿早睡的儿童还趴在地上画丁老头，边画边唱，灯光随着歌声，慢慢在地上画出丁老头的线条

【演唱队的一个叔叔走出，捡起纸飞机，走向小孩，蹲下一起画丁老头

（歌队轻声合唱，与童声构成重唱）

8.《画丁老头》

（歌队/童声）：从前有个丁老头，

    生了两个儿，

    饿了三天饭，

    饿得团团转。

    买了三根葱，

　　　　　　花了两分钱。

　　　　　　买了一个大冬瓜，

　　　　　　一共花了三角三。

　　　　　　买了两根黄瓜六毛六，

　　　　　　还有根拐棍手上拿，

　　　　　　也才花了七角八！

（一起画丁老头的叔叔站起来，独唱）

　　　　　　从前有个丁老头

　　　　　　戴个毡窝儿帽……

【歌队里走出1—2人，拿着一个烟盒边走边唱，走向空着的竹椅，坐下折丁老头帽

　　　　　　从前有个丁老头

　　　　　　戴个毡窝儿帽……

【几个小孩围了过来歪着头看他折帽子，用大拇指顶着丁老头帽玩，边玩边唱

　　　　　　从前有个丁老头

　　　　　　戴个毡窝儿帽……

【有的看着看着，唱着唱着，趴在他们膝盖上，靠在桌椅边上，睡着了

（歌队继续）

　　　　　　从前有个丁老头，

戴个毡窝儿帽，

东跑西跑，帽儿跑掉了

东找西找，帽儿找到了

【先前画丁老头的叔叔起身，看着渐渐安静的院子，拿出纸飞机，哈了口气，飞出了纸飞机
（声音渐远）

画外音（男声，老气横秋）：丁老头，丁老头，长大啰，就不好耍了！

画外音（男声，充满朝气）：哪个说的？鹦哥！过来——

画外音（女声，脆生生的）：哪里去嘛？

画外音（男声，充满朝气）：接亲啥——

画外音（女声，脆生生的）：接哪个嘛？

画外音（男声，充满朝气）：你啥——

歌　队：沙河涨水水漫坡，

梳妆打扮去会哥，

萤火虫儿来照路，

哪怕天黑石头多。

【声音渐弱，光虚化，终于安静下来成都小院，街道
远远一盏油灯过来，一个老头挑着担，担子一头点个亮油壶，一悠一悠的，一颤一颤的，声音也跟着颤巍巍的

甜水面啰——

　　　　嘿，甜水面啰——

【声音远而近，又远，油灯光和甜水面担子最后都消失在黑暗中

　　　　　　　　　　　【上半场结束，幕落】

【下篇·老成都】

【字幕】

【成都】
《太平寰宇记》：周王迁岐，一年而所居成聚，二年成邑，三年成都。
《华阳国志·蜀志》：周回十二里，高七丈；……营广府舍，置盐、铁、市官并长丞；修整里闾，市张列肆，与咸阳同制。

  童 声：当年走马锦城西，曾为梅花醉似泥。
      二十里路香不断，青羊宫到浣花溪。

【场景：早晨到傍晚，府河人家的场景
    小孩的游戏减少，更多以市井生活为主要内容，映射时代、城市变迁

【开场：天还未大亮，杨柳，轻雾，水流声，远处鸡叫声
【女声清唱《关雎》，类似川剧高腔，有男声肉锣鼓伴奏

9.《关雎》

关关雎鸠，在河之洲。
窈窕淑女，君子好逑。
（咚扯、咚扯……）

参差荇菜，左右流之。
窈窕淑女，寤寐求之。
（咚扯、咚扯……）

求之不得，寤寐思服。
悠哉悠哉，辗转反侧。
（咚扯、咚咚扯……）

参差荇菜，左右采之。
窈窕淑女，琴瑟友之。
参差荇菜，左右芼之。
窈窕淑女，钟鼓乐之。
（咚扯咚扯咚咚扯、咚扯……）

【一阵咳嗽，远处鸡叫声起，近旁一只公鸡陡然叫了一声
【牙牙学语的声音，奶声奶气的

  童 声：妹妹乖，嫁秀才。

      轿轿去，马马来。

【声音由细微、单一到逐渐清晰、丰富起来
【自行车声，一男子骑着自行车上场，自行车后座挂两个铝皮桶装牛奶，在院坝中站定，吼出一粗嗓

  男 子：拿牛奶！

【点火的声音、拿放锅碗的声音

  鹦哥（画外）：润儿，去拿牛奶！

【开门的吱呀声，一个小女孩拿个牛奶锅出来打牛奶

  润 儿：毛叔早！牛奶！

  毛 娃：哟！润哥乖，会帮大人干活了哇！

【打牛奶又骑上车，在巷子留下一串自行车铃声，远去。随即卖核桃的上场，声音散漫、亲切

  叫卖声：花生，新花生脆花生唉——

      核桃，新核桃——呵

【开门声，刚才的小女孩润儿牵着鹦哥的衣角出来

  润 儿：妈妈，花生——

【院子开始热闹起来，倒水声、烧火、捅炉子……一老头在院坝树下打了一圈太极，吼了一嗓子，紧接着妈妈们开始催促，小朋友呼朋引伴

  男 中：娃嘞，起来得咯——

男　高：太阳都老高了，上学咯哦——

女高1：还不走嗦，要迟到了！

女高2：快点、快点！

【几个小孩开始背着书包，冲到院坝，呼朋引伴

大　牛：孬（pié）娃——？

春　哥：二娃——走哇？

二　娃：来了、来了！

【院子里此起彼伏

二　娃：孬哥，走路哇，还是骑车？

孬　娃：骑车啥！

大　牛：等到等到，催啥嘛！

春　哥：你快点子，赶婆娘嗦？

……

【几个小孩骑着自行车晃出来，大多后座上带着同伴，一串铃响

大　牛：走起——！

【正待出发，鹦哥的声音又传出来

鹦　哥：孬娃，把弟娃儿带到！

孬　娃：不！我才不带那个跟屁虫！

鹦　哥：你再给我说遍看看，等到——

　　　　书包——

　　　　好生背到起！

【小孩骑着自行车上，台上各种炫技

【一名卖辣菜的妇女又跟着上场，早早进城的小商贩的叫卖声夹杂其间，各种声音交响

女高音：辣菜，辣辣菜——

【上学的小孩跟着学舌、起哄

齐唱1：辣菜，辣辣菜——辣菜，来拿菜——

齐唱2：你不拿钱我不拿菜！

【紧接着，卖青果的姑娘又上来了，声音有点生涩，脆脆的

小姑娘：青果、卖青果——！

广柑儿、干胡豆儿！

【骑着自行车的小孩恶作剧，有意绕着姑娘荡圈圈，坐在后座上的做着鬼脸

小　孩：青果、卖青果——！

亲我，来亲我——！

【小孩一起哄笑，小姑娘憋红了脸，里面鹦哥又是一声干喝

鹦　哥：你几个都皮子长紧了哇？

还不滚嗦，要迟到了哈！

【骑车的小孩一哄而散，旁边几个小孩过家家，看着眼前的自行车，又是羡慕又是嫉妒，望着背影

小　孩：洋马儿，铁圈圈，

我的儿，坐中间。

【送完牛奶的毛娃骑着车晃回来，一边咣咣当当地收拾牛奶桶，一边冲着那几个小孩

老　头：苶娃儿些——还没要够，就想长大了嗦！

（幕后川腔女高）：桃之夭夭——

10.《桃夭》

  童　声：红鸡公，尾巴多，
      周岁娃娃会唱歌。
      先生我，后生哥，
      生了爹爹生婆婆。

  小　　孩：红鸡公，绿尾巴。
      婆婆生了生妈妈。
      搭起梯梯看婆家。
      公公一尺九，婆婆一尺八，
      女婿还在地上爬。

  （幕后女高）：桃之夭夭——

【有热闹的迎亲锣鼓传来，玩家家的小孩模拟锣鼓手、唢呐手等，神情认真、投入，滑稽，可爱

  小　　孩：接婆娘啰——！

  歌队 2：红鸡公，绿尾巴。
     上天去，使亲家，
     使在哪哈儿——？

  小　　孩：使在我家！

歌队2：桃之夭夭，灼灼其华。

　　　　桃之夭夭，其叶蓁蓁。

成人1：一根扁担闪悠悠，

　　　　挑担白米下泸州，

　　　　泸州爱我好白米，

　　　　我爱泸州好丫头儿。

歌队2：桃之夭夭，灼灼其华。

　　　　桃之夭夭，其叶蓁蓁。

【玩家家的小孩继续模拟婚礼，认真，滑稽，可爱

歌队1：妹妹生得白，

　　　　嫁给江西客，

　　　　银子五十两，

　　　　爹妈舍不得。

歌队2：之子于归，宜其室家。

　　　　之子于归，宜其家人。

（歌队2有人问，京腔，白）：再加五十两，要得不要得？

（歌队1，白）：要得！要得！

（歌队2，京腔）：打起花马就来接！

（画外）：就来接——

【更多的小孩加入进来，与婚俗有关的各种各样的玩法

小　孩：丁丁猫儿穿红裙，

高大姐，做媒人，

麻子孃孃吹鼓手，

斑竹桠桠遮起走。

抬轿轿，骑马马。

骑马马，过桥桥。

遇坎坎，跳一跳，

碰河沟，绕一绕。

（画外高腔）：桃之夭夭，灼灼其华。

抬轿轿，骑马马。

骑马马，过桥桥。

11.《成都的桥》

（念白）：抬轿的，慢点儿抬，

看把姑娘儿绊下来，

姑娘儿穿的绣花鞋。

歌　　队：抬轿轿，骑马马。
　　　　　骑马马，过桥桥，
　　　　　过的什么桥——

　　　　　一心桥
　　　　　二仙桥
　　　　　三洞桥
　　　　　驷马桥
　　　　　五桂桥
　　　　　九眼桥
　　　　　十二桥
　　　　　万福桥
　　　　　万福桥头万福朝
　　　　　濯锦桥
　　　　　千年蜀锦桥下淘
　　　　　青石桥
　　　　　肥肠粉是老字号
　　　　　落虹桥
　　　　　一道彩虹卧桥心
　　　　　送仙桥
　　　　　张果老他乡遇故交
　　　　　……

骑马马,过桥桥,

遇坎坎,跳一跳,

碰河沟,绕一绕,

小心走,防跌跤。

古风悠悠卧龙桥

联吴抗曹万里桥

一生平安安顺桥

梁祝惜别柳荫桥

洗却风尘洗面桥

凤凰于飞双凤桥

出淤泥不染莲花桥

车水马龙西北桥

沙板桥桂王桥

玉带桥磨子桥

(画外):木桥吊桥石桥拱桥铁路桥

高架桥立交桥经济桥信息桥

【灯光画面特效,然后又瞬间消失

小　孩:(特诧异、新奇)啥子啥子?高架桥?立交桥?

还有那个啥子……信息桥!

【一个干瘦的小老头,挑一副大箩筐,筐里有旧麻袋、秤,以及一些乱七八糟的零碎东西。小老头默默无语从后区走过来,一直走到中间,突然发声

老　头：收旧咯！以旧换新咯！

　　　　有破铜烂铁收来卖喽！

　　　　有破衣裳烂棉花、烂罩子烂凉鞋废报纸旧书收来卖喽！

　　　　鸡毛掸子牙膏皮收来卖喽！

　　　　扇子骨筒筒骨肋巴骨收来卖喽！

【小孩分头跑回去，搜罗各种

　小　孩：拿牙膏皮子啰

　　　　烘笼子、烂胶底啰——换糖糖换花生米啰！

【扛着长长梯子，脚穿草鞋的捡瓦匠上场

　捡瓦匠：捡瓦哦，捡漏哦——安亮瓦！

　鹦　哥：捡瓦的——过来！

　　　　你捡的啥子瓦哦，

　　　　一场"天东雨"，

　　　　屋头漏得拿脚盆接都搞不赢！

　捡瓦匠：脚盆搞不赢拿桶桶接嘛！

【几个小孩拍手，幸灾乐祸

　童　声：（白）不捡不漏，越捡越漏；

　　　　不捡不漏，越捡越漏。

　　　　屋顶漏了桶桶接，桶桶漏了盆儿接，

　　　　盆儿漏了呢——？

　　　　泥巴接！

（画外）箍桶匠：哪家桶桶漏了？

【箍桶匠的声音传来，箍桶匠敲着桶帮帮上，补锅匠随之跟上，"啪啪——啪！啪——啪啪！"手拿一串铁板，一路甩响，挑的担子上挂的钥匙胚子、补锅材料一齐随着挑担前行的节律啪啪地响着

  箍桶匠：箍桶——修桶——

  补锅匠：补锅——补锅——

  箍桶匠：水桶儿、马桶、脚盆底！

  补锅匠：铝锅铁锅锑锅瓷盆子！

  箍桶匠：箍桶——修桶——子！

  补锅匠：补锅——补瓷盆子！

【一群儿童扮鬼脸，跑前跑后

  童 声：人活一个脸，

      树活一张皮，

      电灯泡子嘛活玻璃，

      桶子活箍箍，

      脚盆活底底！

【鹦哥拿着扫帚出来

  鹦 哥：瓜娃子些，还不滚回去，

      数数都数不抻展，二天想补底底都没得做！

【小孩做着鬼脸,倒退着散开
  男 孩:哪个数不清嘛——

12.《一什么一》(混声、重唱)

  (童声,白):一什么一?
       一个老头七十七,
       接个婆娘八十一,
       生个儿子九十九,
       得个孙子一百一。

【一群小男孩边拍巴掌边唱
  男 孩:一什么一?小孩坐飞机。
      二什么二?小孩梳小辫儿。
      三什么三?小孩打秋千。
      四什么四?小孩写大字。
      ……

【一群女孩不甘示弱,边唱边跳橡筋绳
  女 孩:一什么一?
      一二三四五六七,
      马兰花开二十一,
      二五六,二五七,

二八二九三十一，
　　三五六，三五七，
　　三八三九四十一，
　　四五六，四五七，
　　四八四九五十一……

【声音渐消，拨浪鼓清脆的声音传来，一个货郎边摇边唱，货郎推车上堆些针线、锁针、按扣、发卡、松紧带之类的小百货，琳琅满目，小孩子们围过去看稀奇

13. 金钱板《你姓啥》

【说明：成人和童声，两个声部，对/重唱。舞台上两个场景穿插，成人部的苦乐相掺和小孩的天真欢乐相映成趣

　　童　声：你姓啥？

　　货　郎：我姓唐。

　　童　声：啥子唐？

　　货　郎：芝麻糖。（后面自问自答，越说越快，类似快板，可省略中间部分）

　　　　啥子芝？河芝。

　　　　啥子河？（小孩跟着这个节奏翻笼船，游戏）

　　　　大河。啥子大？

　　　　天大。啥子天？

　　　　广东天。啥子广？

　　　　　湖广。啥子湖?

　　　　　茶壶。啥子茶?

　　　　　清茶。啥子清?

　　　　　杨柳青。啥子杨?

　　　　　咩咩羊。啥子咩?

　　　　　荞咩。啥子荞?

　　　　　驷马桥。啥子驷?

　　　　　宝光寺。啥子宝?

　　　　　元宝。啥子元?

　　　　　桃园。啥子桃?

　　　　　仙桃。啥子仙?

　　　　　神仙。啥子神?

　　　　　噼噼啪啪送瘟神。

【鹦哥远远地招呼孬娃、润儿

　　鹦　哥：孬娃、润儿，走，看家婆去!

　　　　　　（玩得正高兴，头也不回）不去!

　　鹦　哥：你敢不去!

　　孬　娃：可以，先买截橡筋

　　鹦　哥：你要橡筋爪子?

　　润　儿：他做弹蹦子，妈，我买个发卡嘛

　　鹦　哥：死女子，妖俏嗦。还不快去!

（娘仨上路，一帮伙伴跟在屁股后面）

　　小　孩：走咯! 走咯!

　　　　看家婆去咯！

　　　　走咯！走咯！

　　　　鹦哥回娘家咯！

【鹦哥作势吓唬小孩们

　　鹦　哥：瓜娃子些，"鹦哥"是你们叫的哇？

【小孩们一哄而散，远远的伙伴声音传过来

　　男　孩：孬哥！早点回来好耍！

【孬娃张开大拇指食指，挽着皮筋做弹弓状，瞄准观众席左比右比，口里面念念有声。一路行人不断

　　画　外：鹦哥——鹦哥回娘家咯——

14.《草墩子》

　　歌　队：星宿星宿排对排，

　　　　　　算命先生请进来。

　　　　　　不算你喜，

　　　　　　不算你财，

　　　　　　算你鹦哥要回来。

　　行人1：（白）鹦哥，回娘家哇——

　　润　儿：对头！

歌　队：妹妹乖！嫁秀才，
　　　　轿子去，马马来。
　　　　嫁给秀才称娘子，
　　　　嫁给杀猪匠，去翻肠子。

行人2：（打趣）鹦哥，你是作娘子还是翻肠子？
孬　娃：（白）关你啥子事！

歌　队：嫁给秀才称娘子，
　　　　抬轿轿，骑马马。
　　　　大官不来小官来，
　　　　吹吹打打一路来。

　　　　嫁给杀猪匠翻肠子，
　　　　高一脚，低一脚，
　　　　疙疙瘩瘩，忙死忙活，
　　　　斤斤索索里路来！

画　外：鹦哥——鹦哥回娘家咯——

行人3：（白）鹦哥——鹦哥嘛
　　　　既不作娘子，也不翻肠子，
　　　　到底做啥子？

润　儿：(白)够你们猜一阵子。

行人4：鹦哥，娘家还远哇？
鹦　哥：就在隔壁子。

歌　队：娘想儿，路还长，
　　　　儿想娘，扁担长。

画　外：鹦哥——鹦哥回娘家咯——

歌　队：哥哥听到鹦哥要回来，
　　　　提起秤，割肉来。
　　　　嫂嫂听到鹦哥要回来，
　　　　抓把黄豆磨起来——
　　　　家婆听到孙儿要回来，
　　　　豌豆剥起来，胡豆炒起来。

　　　　抬轿子，骑骡子。
　　　　捋肠子，坐轿子，
　　　　都是家婆的心肝子。

小　孩：剥豆子，炒豆子，
　　　　都是家婆的心肝子，
　　　　家婆疼着外孙子，

　　　　　就像抱着草墩子!

【大人们拿着扫帚撵

　　（念白）：剥豆子，炒豆子，

　　　　　　家婆疼你们这些混小子，

　　　　　　还真不如抱个草墩子！

【小孩笑着散开，边跑边唱

15.《一年十二个月》

　　小　　孩：一月干盘子，

　　　　　　　二月惊蛰抱蚕子，

　　　　　　　三月清明坟飘纸……

　　歌　　队：（接上）

　　　　　　　四月芒种栽秧子，

　　　　　　　五月端午吃粽子，

　　　　　　　六月艳阳扇扇子，

　　　　　　　七月半烧袱子，

　　　　　　　八月中秋吃饼子，

　　　　　　　九月重阳蒸曲子，

　　　　　　　十月穿袄子，

　　　　　　　十一月烤烘笼子，

　　　　　　　十二月贴对子。

说背子，就背子。

正月十五汤圆子，

二月惊蛰抱蚕子，

三月清明坟飘纸，

四月芒种栽秧子，

五月端阳包粽子。

六月间，扇扇子。

七月间，烧袱子。

九月重阳好日子。

十月间，烘笼子。

冬月间，穿袄子。

腊月间，贴对子。

……

【一钓鱼老头正好经过，钓竿，短褂，挽着裤腿，他把钓竿往肩上一搭，很是精神，悠哉游哉

16.《渔翁》

渔　翁：一月干盘子，

二月惊蛰抱蚕子，

三月老汉我还不想坟飘纸，

驾着船儿桃源里头碰着个——花仙子！

【众小孩跟着起哄

  小 孩：哦哟！阿童木还带着你——逍遥子！

  渔 翁：老汉我乐陶然，

      驾小船，身上蓑衣穿，

      手拿钓竿船头站，

      提鱼在竹篮，

      金色鲤鱼活鲜鲜，

      河里波浪蛟龙翻，

      两岸杨柳喊我歌，

（众小孩牵手，齐声）歌、歌！

  老 汉：我不歌——！

  众小孩：歌、歌！

  老 汉：倒杯酒儿把心热，

      今天过一宿，

      明天回去打毛铁！

  众小孩：张打铁，李打铁，

      打把剪刀送姐姐，

  老 汉：姐姐留我歌，

  歌 队：歌、歌！

  老 汉：我不歌——我要回家割燕麦。

  众小孩：燕麦地里有条蛇，

      把你的耳朵咬出血。

看你还敢歌不歇？

老　　汉：那我就到桥下歇。

众小孩：桥下有根花花蛇，

　　　　把你耳朵咬成两半截。

　　　　回去爹也嗟，妈也嗟（jué，"骂"的意思）

　　　　嗟得我心里要不得，

　　　　看你还敢歌不歇？

老　　汉：太阳下了山欸——

众小孩：就在山背后歇！

老　　汉：月亮过了河耶——

众小孩：就在河中间歇。

老　　汉：买了二两饭唉——

小　　孩：滴滴大一坨。

老　　汉：吃也吃不饱耶——

小　　孩：睡也睡不着。

老　　汉：旁边有糖糖——一大坨喂！

众小孩：（精神抖擞）啥子糖？

老　　汉：鸡屎糖！

【老者一边走下场，一边哼唱，远处卖糖豆花、卖蒸蒸糕的在江边走过：敲竹梆的梆梆梆的声音，调羹和瓷碟摇动发出清脆悦耳的叮当声，一路走来，又一路响去

【卖爆米花的推着车哐啷哐啷地走了过来，摆开场地，所有

小孩一拥而上,大大小小的孩子们像狂欢一样聚集在爆米花周围,爆米花摇起鼓风机。胆大的、胆小的,情态各异(此处处理为全静默的图景)

【无声的礼花突然炸开,各种斑斓的色彩,闪闪发光
【孩子们欢呼雀跃,斑斓的彩片坠落飞扬,一个崭新、现代的成都呈现在面前
【歌声传来,歌声中,锦江两岸、天府新区、成渝板块渐次凸显。月色弥漫,只有永远的锦江波光依旧,如玉带一般,穿城而过

17.《月亮弯弯》

月亮走,我也走,
我给月亮打烧酒。

月亮弯弯像条船——
合江亭边搭花船。

花船宽,花船长,
月亮月亮亮光光,
花船开,花船快,

月亮月亮快跟上来。

月亮走，我也走，
我给月亮打烧酒。

月亮走，我也走——

【又一声川腔传来
　　鹦　哥：龟儿子些，月亮都起来了！
　　　　　紧到不回来吃饭嗦——
【小孩一哄而散，地上遗落下些铁环、毽子等
【歌队声音继续，渐弱，有余音
【台上的表演唱者中（或者指挥）有一人出，捡起地上留下的铁环，看着远去的孩子的背影，弯身，将铁钩搭在铁环上，开始滚铁环
【光柱落在滚铁环的人和铁环上，所有的音响消失，只有细微而清晰的铁环在石板上滚动的声音

【随着铁环的滚动，光渐起，现代成都街景浮现，滚动的铁环融进画面，持续滚动在街头。街上车水马龙，游人如织，滚动的铁环在摩登的脚步、旋转的车轮间穿梭，背景中无声的地铁、动车呼啸而过，高架桥、立交桥、各主干道上一条条光带交织，与穿城而过的锦江相映生辉
【铁环滚入光带，融于霞光

【纱幕渐渐落下,歌声起,铺排而来,小演员陆续上场,游走在光怪陆离的现代成都,边逛边唱

18.《新鹦哥谣》

(童声,念白):

  鹦哥,鹦哥,你从哪里来?
  我从城门山洞来。
  城门山洞有好高?
  万丈万丈高!
  几匹骡子几匹马?
  请你鹦哥进城耍!

  人家鹦哥没得空——(重复、余音回响)

  鹦哥鹦哥你从哪里来?
  我从驷马桥上来。
  驷马桥头有好高?
  高车大马相如还。
  几匹骡子几匹马?
  请你鹦哥进城耍。

  人家鹦哥没得空——

鹦哥鹦哥你从哪里来?
我从宽窄巷子来。
宽窄巷子有好长?
少城故事一箩筐。
几匹骡子几匹马?
请你鹦哥进来耍。

人家鹦哥没得空——

鹦哥鹦哥你从哪里来?
我从杜甫草堂来。
杜甫草堂有好高?
风卷屋上三重茅。
几匹骡子几匹马?
请你鹦哥草堂耍。

人家鹦哥没得空——

鹦哥鹦哥你从哪里来?
我从南门锦里来。
南门锦里有好高?
武侯祠里出师表。
几匹骡子几匹马?

请你鹦哥进城耍。

人家鹦哥没得空——

（以下多声部重唱、合唱，层层推进，席卷而来）
鹦哥，鹦哥，你从哪里来？
我从东门龙泉山中来，
我从北门天回镇上来，
我从西门鱼凫城里来，
我从南门华阳古国来……

我从三星堆来，我从金沙来，
我从青羊宫来，我从望江楼上来～
我从浣花溪来，我从百花潭来，
我从悦来茶馆来，我从锦江剧场来～
我从青城山中来，我从峨眉顶上来，
我从川剧变脸中来——
我从老成都、新天府中走出来……

鹦哥，鹦哥……（余音不绝鹦哥）
你从哪里来——？

【剧终】

怀园·怀远

音乐诗剧

> 琴声能创造出现实生活中所没有的美好。
> ——喻绍泽

主要人物

雪　堂：晚清龙藏寺住持、琴人、书画家
张孔山：晚清琴人，川派古琴家
竹　禅：晚清画家、琴家、僧人、雪堂好友
星　槎：龙藏寺琴人、僧人、雪堂弟子
月　泉：龙藏寺琴人、僧人、星槎弟子

喻绍泽：琴人、古琴教育家，剧中 35—60 岁
裴铁侠：琴人，剧中 50—65 岁
查阜西：琴人、古琴教育家、古琴理论家，剧中 40—55 岁
龙琴舫：琴人，剧中 40 岁左右
孩　子：剧中 7—14 岁，新一代古琴传承的象征

青年学生、革命小将、市民各 20—30 人；外国留学生 8—10 人（上述角色可兼演）

第一场

【宛如传统戏曲舞台陈设：一桌一椅，一琴，一人，背景上，怀园轮廓，影影绰绰，水雾弥漫，水墨画一般

【新闻播报的声音，城市音乐厅新闻视频资料

> 画外音：毗邻四川音乐学院，这里将修建西部最大最专业的音乐厅——城市音乐厅。城市音乐厅占地总面积近3万平方米，将在原爱乐酒店、四川音乐学院教工宿舍"怀园"的旧址上落成。未来的城市音乐厅由三个厅组成：音乐厅、歌剧厅、戏剧厅……现在正在转播"怀园"定点爆破实况。

【怀园拆毁，烟雾腾空，渐散，学生群体现，画外议论

> 甲：怀园，原为民国时期公馆，二三十年代，为邓锡侯部下陈静轩的府邸，四十年代后期，成为省立艺专的教工宿舍……
>
> 乙：（插入，四川口音）省立艺专就是现在的四川音乐学院的前身。

甲：成为省立艺专教职工宿舍后，这里曾星光璀璨，荟萃了近代史上最闪亮的音符。

丙：谢无量、张大千、李有行、丁聪、吴作人……

丁：王云阶、常苏民、郎毓秀……

乙：这都是些大学问家、书画家、音乐家……"怀园"二字，即为谢无量所题。

丙：还有蜀派古琴传人喻绍泽、侯作吾……

甲：当年晚饭后，聚到怀园听喻先生弹琴，是怀园一景嘞。

【古琴声音起

丁：对头。喻先生称之为"朝歌夜弦"。

【声音渐小，视频影像与烟雾同步模糊，琴声传入《忆故人》

【台上，年老的喻绍泽鼓琴，琴曲《忆故人》

【龙琴舫、侯作吾等渐次上，注视水雾中渐逝的怀园

侯作吾：看来，如今存下的，只有谢先生这一方石匾了

【诸人远观、略俯视的角度，远处水雾氤氲，一切过往，皆成烟云渐渐淡去

喻绍泽：（释琴，起身）怀园有意思悠悠

　　　　　　　正值良宵好夜游

裴铁侠：鸟语空山人影静

　　　　海棠零落汉宫秋

龙琴舫：昔龙藏寺今非，今怀园亦成尘！

【后区，雪堂、竹禅上，其余民国人物陆续上

雪　堂：龙藏寺！

竹　禅：龙藏寺！

【诸人随意走动，吟诗品茗，鼓琴作书，悠游自在，不一而足

【前台，一队青年学生快步从场口上，学生甲承上接口

学生甲：龙藏寺，位于成都北郊新繁镇，始建于唐贞观三年，元末毁，明洪武及清康熙年间先后重建。

学生乙：龙藏寺文化氛围浓厚。现存唐宋以来多幅著名壁画于寺，除传承佛教经典之外，寺内诗歌、音乐的传承也是该寺庙一大传统。

学生丙：这里是川派古琴的第一个活动中心。

学生甲：晚清，龙藏寺潜西精舍，各路名流常常汇聚于此。

学生乙：丁宝桢

学生丙：何绍基

学生丁：完颜崇实

学生戊：顾复初

学生己：叶介福

学生甲：这些名人雅士多为龙藏寺住持雪堂所邀，在这里听琴吟诗、临池作画。

学生乙：雪堂，为人慷慨、孝义，既是僧人，又是著名诗人。他善书法，通音律，重视僧众艺术修为，对古琴音乐尤为提倡。

【雪堂上，合掌行礼

雪　堂：阿弥陀佛！小施主说的是在下？

学生甲：张孔山，江浙人，多年游方江汉、巴蜀之间，

　　　　　　独钟蜀琴，驻足青城山中皇观，也曾长期居留
　　　　　　龙藏寺。

【张孔山上前，道士打扮，丰体美髯，身形高大

　　张孔山：（江浙口音）我不是四川人，但我热爱四川。

【后面诸人纷纷上，貌似接话，实则各自独立

　　竹　禅：还有我竹禅，书画写天下，这琴，却是在龙藏
　　　　　　寺学得的。

【星槎紧随其后

　　星　槎：阿弥陀佛——我，星槎，雪堂和尚的弟子，奉
　　　　　　师命长年追随竹禅左右。

【星槎说毕，继续依傍竹禅而立。一个小和尚从后面冒出头
来，一路小跑，复又一本正经大摇大摆地从众人面前走过

　　月　泉：小僧月泉！星槎和尚的弟子！也喜欢古——鼓琴！

　　学生丙：其时交游往来的还有顾玉成、唐彝铭、杨紫
　　　　　　东、曹稚云、钱绥詹、苏天培等。

　　学生甲：这里风景秀丽，古木壁画，蜀琴碑林，云集一
　　　　　　时俊杰。

　　学生乙：龙藏寺山门有楹联曰：

　　诸琴家（合1）：寺院分二门，那山门何异这山门，门外
　　　　　　　　　有虎皆贴伏；

　　诸琴家（合2）：琴诗合一钵，小衣钵终归大衣钵，钵底
　　　　　　　　　无龙不皈依。

　　学生（合）：琴壁龙藏，铁笠清凉。

　　学生丙：龙藏寺的琴壁，妙音阁，都与琴有关。

学生甲：月映千竿竹，江流不二亭。其后成都琴人雅集之地还有沙堰子、双楠堂……

学生乙：双楠堂在下同仁路2号。

学生丙：那是裴园！主人裴铁侠。

学生丁：线香街1号。

学生戊：那是喻公馆！喻府就大啰，当时跟到他们舅父廖文甫学琴的就有三兄弟。

学生丙：廖文甫是从叶介福那里学的琴，叶介福的琴艺直接承自张孔山。

【张孔山正和雪堂等抚琴，闻言又不紧不慢地插入一句

张孔山：（江浙口音）我不是四川人，但川派的《流水》是从我这儿起的。

学生戊：裴铁侠、龙琴舫，加上喻府两兄弟，成为当时四川琴社的主将！

学生甲：啥子四川琴社？最早是律和琴社，由裴铁侠发起，1937年在成都成立！（背景屏同步出现相关影像）

学生乙：会员有白体乾、吕公亮、徐孝琴、梁儒斋、喻绍唐、喻绍泽。

学生丙：抗战胜利后，1947年，成立了岷明琴社，成都的！（背景屏同步出现相关影像）

学生丁：依旧由裴铁侠发起，成员有喻绍唐、喻绍泽、伍洛书、马瘦子、阚大经、卓希钟、李璠。

学生戊：同一时期，还有重庆的天风琴社、二香琴社。

再后来，就是成都的锦江琴社（背景屏同步出现相关影像）。

学生甲：琴人、琴社、琴曲，自然少不了琴！

学生乙：情？

学生丙：琴！

学生甲：无琴不情！琴者，通神明，合天地。琴与琴人，缘起缘灭，聚散无凭。

【后区，裴铁侠伴着琴声高吟，声音传了出来

裴铁侠：秋来春去亦荒唐，

　　　　物我应知无尽藏。

　　　　名士有人识苟季，

　　　　乘风端入李膺堂。

学生乙：瞧——这是古鲸，当初差点哦嚯了（灰飞烟灭）。

学生丙：古鲸原本是四川总督赵尔丰之物，赵尔丰被砍头的时候，几个抄家的大兵要抱过去当柴烧，后来被龙琴舫用两抱木柴换下来了。

龙琴舫：反正都是烧火，木柴肯燃些的嘛！

【诸琴影像浮现，一侧龙琴舫弹琴

学生丁：这是鸣玉——

　　　　伍洛书取峨眉报国寺千年木鱼所斫，以梅落弦应得名，裴铁侠题铭，后为喻绍泽所藏。

学生甲：伍洛书后来还以余材斫成"松涛"。

学生乙：当时名琴还有"龙璈""响泉""引凤"……当然，此中翘楚，首推"双雷"！

学生丙：你是说大小雷？
　　学生甲：大小雷！

（众人沉默，唯有琴声）

【一阵隐隐的雷声，其实是飞机发动机的声音，从远处传来，越来越近，众人仰望天空，一架飞机飞过
【前区光暗，众学生星散，后区民国琴家显，遥望天空，似在追随
【一少年抱琴匆匆上，对喻绍泽
　　少　年：先生！您看，这琴——还识得么？

第二场

（三十年代初期，裴府）

【光转，水雾散，青年伍洛书抱琴而上
　　伍洛书：裴先生！您看看这琴如何？
【裴铁侠观琴、抚摸琴板，绍唐、绍泽及诸琴友陆续上前，听辨、调整音色
　　龙琴舫：好琴！
　　喻绍唐：好琴！
　　喻绍泽：裴先生何不试奏一曲？（伍洛书：请先生开琴！）

【裴铁侠很郑重地置琴于案,奏《秋鸿》,一时间,琴音盈室
【晚清琴人显,听琴吟诗,每歌半阕即起身,一路走过

  雪 堂:鸿飞从万里,
       飞飞河岱起。

  张孔山:回首瞻东路,
       延翩向秋方。

  竹 禅:去旧国,
       违旧乡,
       旧山旧海悠且长。

  星 槎:登楚都,
       入楚关,
       楚地萧瑟楚山寒。

  张孔山:(呵呵笑)汉女悲飞鹄,
        楚客奏南弦。

  竹 禅:咏零雨而卒岁,
       歌秋风以永年。

【雪堂等众边吟边隐,曲毕,一时寂然,众人尚在回味,裴铁侠由衷称美

  裴铁侠:锦城有伍氏,何须觅雷琴。

龙琴舫：（笑）既如此，便用裴兄双雷换此琴若何？

喻绍泽：换双雷？那便是要了裴先生的命了！

【话音刚落，外面汽车喇叭声、说话声响起，随即查阜西爽朗的声音传了过来

查阜西：哪个胆子那么大，敢要了裴先生的命？！

【查阜西风尘仆仆上，向裴铁侠拱手，复向众人致意

查阜西：裴兄！诸位！

【众热情礼让，裴铁侠欲一一介绍，被查阜西阻拦

查阜西：且慢！看我都识得对不——

这位，（躬身长揖）定然是袁朗如先生，早年绵州知事，政绩斐然。善书画古琴，有"十三琴斋"之号，又有"五十二竹斋"之美称；所谓"平沙一挥手，清响满鱼舫"。

【袁朗如还礼谦让，查阜西继续，如数家珍

查阜西：这位，龙琴舫先生，琴学源自杨紫东先生，秉持蜀琴传统，龙先生琴风清微澹远，如蜀之虞山，号称霸派？

龙琴舫：（笑，四川话）啥子霸不霸的，川西坝坝儿，听过没得？

【众笑，查阜西继续

查阜西：这位，白体乾先生，早年日本东京帝国大学毕业。藏有"洪武三年赤城朱致远"款琴一床，实在是羡煞我也！

白体乾：呀！家底都被查先生兜了。

【众又笑，对查阜西愈加叹服

  查阜西：这位定然是徐孝琴先生，苏州吴门人氏，工书
      画，兼治印斫琴，尤以琴艺了得，金陵派传人。
  徐孝琴：（谦谦礼让）查先生已经让我无处可遁了。
  查阜西：这二位青年才俊，不用猜，定是喻绍唐、绍泽
      兄弟无疑。
      呀！川派《流水》艳称海内，绍泽，快！让我过
      把瘾！

【查阜西不待邀请，径直过去摆好琴，请喻绍泽弹奏
【喻绍泽弹《流水》，琴声、明月，风雅之极
【查阜西转抚《高山》，以应流水，众人随即加入，数琴相和，一时间，桂华满地，清旷澄明
【晚清琴人雪堂、竹禅、星槎、月泉、张孔山等后区浮现，星河璀璨，雪堂遥望星空，对张孔山

  雪　堂：你这七十二滚拂，后学者也算是尽得精髓。
  张孔山：我也是上溯千里川江，见激浪奔雷，浩渺澎
      湃，心有所悟，方得《流水》。
  星　槎：看来这川派《流水》，早已流出巴蜀，流过了
      时代。
  月　泉：说不定哪天，这川派的《流水》，还将流淌在
      这浩瀚星空，游云之外。
  竹　禅：（笑，指星槎）那一定是托了星槎的福，星槎
      渡流水——

【众笑，继续品茗论琴，光摇曳，水雾起，月色渐为云所掩，

影影绰绰，梦一般

【声光继续变化，渐趋混乱躁急，四处杂音时起

  学生甲：这是上个世纪三十年代前期，他们大多三四十岁，年龄较长的裴铁侠，也还不到50岁。

  学生乙：这些前辈，身在四川，手抚古琴，却也曾心怀天下，远赴重洋。

  学生丙：（插话）比如叶伯和……

  学生乙：叶伯和，年少习琴，早年留学日本，学政法，后转音乐，立志音乐救国。

  学生丁：回国后，他受吴玉章聘请，就任四川省高等师范学校音乐科主任……

  学生丙：（插话）就是现在的四川大学的前身。

  学生甲：叶伯和写出了近现代第一部《中国音乐史》，开创了四川西洋音乐教育的实践。

  学生乙：民国十六年

  学生丙：（插话）也就是1927年

  学生乙：民国十六年，成都音乐界知名人士联合举行了纪念贝多芬逝世百年音乐会，曲目中除了钢琴、小提琴演奏之外，叶伯和还专门邀请了喻氏兄弟演奏古琴。

  学生丙：当时弹琴名气大的还有裴铁侠！

  学生乙：（插话）那个人，据说孤傲得很！

  学生甲：裴铁侠，毕业于东京帝国大学法律系，曾加入同盟会，回国后先后任北京内务部顾问、四川

　　　　司法司司长、内务司司长，下川南道观察使。

　　学生丁：龙琴舫，年轻从戎，后卸甲归隐，专心种田授徒。

　　学生丙：他就住在现在的三官堂，望江公园附近！

【远处隐约轻雷

　　学生甲：查阜西，新中国航空事业的奠基者、现代琴学的奠基者。

　　学生丙：这个不是四川人！

　　学生乙：剑胆琴心酒肚肠，亦能清至亦能狂。西风留得断肠句，空对河山哭一场。

　　　　　　查阜西十三岁弹琴，一生为古琴奔走，为我国古琴的传承和发展作出了很大的贡献。

　　学生丁：喻绍泽，毕业于国立外国语专科学校，长期从事英语教学工作。

　　学生丙：国立外国语专科学校就是四川大学外语系前身。

【雷声渐明晰，其实是飞机声

　　学生合：这不是一群落后守旧的人，

　　学生乙：这也不是一群苟安于世的人，

　　学生甲：清廷的腐败，末世的衰飒，他们激流勇进，选择了科学救国，音乐救国。

　　学生乙：时局的叵测，官场的诡谲，他们退而坚守，选择了研习古琴，传承文化。

【飞机轰隆声突兀地响起，更多的轰鸣声席卷而至，敌机成群出现，像一群乌鸦，黑压压地直向前区压来，人们惊慌失

措、四处奔逃、呼喊，青年学生散入众人

  学生丙：呀！日本鬼子来了！

  民 众：快！快进防空洞！

【众琴家亦悚然而起，为人潮所淹没，光灭

【远处炸弹声传来，爆炸的光时隐时现，照在防空洞里一张张惊恐的脸

【防空洞内，妇人紧紧抱着孩子，孩子紧紧地抓住大人的手，人们紧张、颤抖、焦虑、惶恐、忧惧

【琴人们静静地站立在洞口，影子拉得特别长

【有小孩哭了起来，有女人也跟着低低地哭泣，传来男人呵斥的声音，外面呼啸声、爆炸声不时地传来，孩子哭声更大了

【喻绍泽席地而坐，将琴置于膝上，奏琴曲《普庵咒》，沉着、专注，人们渐渐安静下来

【突然有人冒出了一句

  青年甲：国难当头！我们要的是前进的战鼓，是警醒的铜锣，是冲锋的号角！

  青年乙：说得对！都这个时候了，要这娱心养性的东西作啥？！

  青年丙：对！我们不要听古琴！

  青年甲：我们要的是这个——

    （金钱板）：思想国情叹一声，

        咬牙切齿恨倭人！

  市 民：（七嘴八舌）对的对的！恨倭人！

  （民众齐声）：恨倭人！

（金钱板）：前方奋斗在拼命，
　　　　　　　　后方援助宜速行！
　　（民众齐声）：速行！速行！
【光大亮，人们纷纷走上街头。钢琴声响起，随之雄壮有力的合唱声起
【一队青年学生挥着拳头走了过来
　　合　　唱：战战战！
　　　　　　　一齐上前线！
　　　　　　　报仇雪恨，
　　　　　　　奋勇当先……
　　　　　　　　　　　　　　（出自刘雪庵的《战歌》）
【两队游行青年学生分别从两侧走入
　　合唱甲：走！朋友！我们要为爹娘复仇！
　　合唱乙：走！朋友！我们要为民族战斗！
　　合唱甲：你是黄帝的子孙，
　　合唱乙：我也是中华的裔胄！

　　合　　唱：走！朋友！我们要为爹娘复仇！
　　　　　　　走！朋友！我们要为民族战斗！
　　　　　　　你是黄帝的子孙，我也是中华的裔胄！
　　　　　　　……
【烟雾未尽，四处瓦砾、残垣。哭泣、哭诉、责骂、悲愤的情绪渐渐聚集，市民们以各种方式抒发救亡图存的激情

【一阵扬琴声，伴随着《长城谣》的旋律，一群女学生唱着歌上

  合唱（女）：万里长城万里长，

       长城外面是故乡。

       高粱肥，大豆香，

       遍地黄金少灾殃。

       自从大难平地起，

       奸淫掳掠苦难当。

       苦难当，奔他方，

       ……

【一群市民打着金钱板，一路上场，蜂拥而过

  金钱板：弹丸小国野心大，日本鬼子罪滔天。

      数万铁蹄关东军，把我沈阳来侵占。

【四川清音响起，响、脆、激昂

  女　1：同胞雅静请留步，谈谈倭奴侵华之初，

     我中华大世界号称天府，锦绣河山万物出……

  女　2：侵华沈阳叹之声，夺我装备杀我民，

     公产私产被占尽，同胞半做断灵魂

     ……

【众琴家抱琴走上街头，看着诸多民间曲艺走马灯一样轮番上场，来来去去，到处都弥漫着抗日的情绪

【一群小孩，背诵着《抗日三字经》，风一样跑了过去

童声（合）：人之初，性忠坚，爱国家，出自然。

　　　　　　国不保，家不安，卫祖国，务当先。

　　　　　　昔岳母，训武穆，背刺字，精忠谱。

　　　　　　岳家军，奋威武，打金兵，复故土。

【众琴人有点难以融入的失落

喻绍唐：这古琴，中正平和，到底含蓄清澹了

龙琴舫：古琴，更多抒发的是文人的心曲、个人的逸兴。

喻绍泽：这个时候，的确是需要战鼓、高歌，需要控诉……古琴，是沉着了些。

裴铁侠：也不尽然。琴的世界很大：

　　　　既有《广陵散》的杀伐反抗，

　　　　也有明僧携琴东渡，一去不返的孤绝，

喻绍唐：还有龚自珍，呼唤变革的热切……

裴铁侠：单是体察"号钟""奔雷"之名，便可想象早先的古琴，不知是怎样地启人心扉、振聋发聩。

龙琴舫：绍泽，想什么呢？

喻绍泽：我在想，咱们川派的《流水》……

裴铁侠：绍泽点得对！从钟子期到张孔山，《流水》何曾静止！

　　　　可以清微浩渺，也可以激流奔涌，荡气回肠。

喻绍泽：古琴三千曲目中，一定还有我们未发掘的天地。

　　　　（有琴声传来）

裴铁侠：诸君，请听——

【后区，查阜西弹《潇湘水云》，还是传统奏法，行云流水

　　喻绍泽：这是《潇湘水云》。

【后区不同方位，另一曲（吴景略）《潇湘水云》叠起，查潇湘琴声渐渐淡出

　　龙琴舫：这……也是《潇湘水云》？

　　喻绍唐：还是《潇湘水云》，但多了激越、清冽，啊……
　　　　　　这是抗战时期的《潇湘水云》！

　　裴铁侠：词有十七八女郎，手执红牙板，浅吟低唱"杨
　　　　　　柳岸"，也有关东大汉，抱铜琶铁板，高唱
　　　　　　"大江东去"。古琴，也理应如此。

【话音刚落，后区有人弹奏古琴，伴洞箫，有人亢声吟唱，琴歌《满江红》流出

　　众：（不约而同）《满江红》！

【琴歌《满江红》愈发高亢激昂，不同方位，全国众琴家纷纷汇入，边弹边唱，响彻全场

　　众：怒发冲冠，凭栏处，潇潇雨歇，抬望眼，
　　　　仰天长啸，壮怀激烈。
　　　　三十功名尘与土，八千里路云和月。
　　　　莫等闲，白了少年头，空悲切。

　　　　靖康耻，犹未雪；
　　　　臣子恨，何时灭。
　　　　驾长车，踏破贺兰山缺。
　　　　壮志饥餐胡虏肉，笑谈渴饮匈奴血。

待从头、收拾旧山河，朝天阙。

【周围的市民、学生也为之感染，汇入这民族的呐喊之中
　　众（合）：靖康耻，犹未雪；
　　　　　　　臣子恨，何时灭。
　　　　　　　驾长车，踏破贺兰山缺。
　　　　　　　壮志饥餐胡虏肉，笑谈渴饮匈奴血。
　　　　　　　待从头、收拾旧山河，朝天阙。

【全国琴家一曲歌毕，酣畅淋漓，纷纷加入到艺术救国的行列，迎来文艺爱国、文艺抗日的高潮
【新创作的歌曲大量涌现，歌唱爱国英雄和抗战豪情，大众化的器乐和表演形式成为主角
【裴铁侠和喻绍泽、喻绍唐注视着街头抗战剧团，不约而同看着对方
　　裴铁侠/喻绍唐：也许，这古琴——
　　裴铁侠/喻绍泽：应该变一变了！
　　裴铁侠：或许我们能做的，也许不止结社授徒。
　　龙琴舫：我们也可以进学校，走！我们去协进！
　　喻绍唐：对！去协进！去龙藏寺！
　　裴铁侠：协进？
　　喻绍泽：协进！

【后区学生上前，龙藏寺飞檐庙宇隐隐在现，协进中学，青

年学生吹拉弹唱、往来不绝

　　歌　　声：《送棉衣》

【诸多乐器伴奏，流水线般从台上转过，钢琴、风琴、手风琴、胡琴、琵琶等，古琴也居于其中

　　校歌（合）：

　　向前进，向前进，一齐向前进！

　　我们是剧乐的铁军。

　　抱着火样的热情。

　　坚定志向，勇往前进，不怕崎岖，不怕艰辛，

　　为剧乐树立新风格，为教育创造新精神。

　　向前进，向前进，一齐向前进！

　　我们是教育的剧人。适应国家的需要，推动时代的齿轮。

　　教化大众，指示人生，努力研究，努力推行，

　　为剧乐开辟新天地，为文化建设新长城！

【雪堂、竹禅上，偶尔青年学生插话

　　雪　　堂：这歌，总不入雅流。

　　竹　　禅：非也，情动于中而形于外。

　　　　　　　琴，情也；歌，亦情也；

　　　　　　　动人便是情，何来雅俗？

　　雪　　堂：（了悟）反倒是老僧俗了。

　　张孔山：今天这龙藏寺——

　　星　　槎：龙藏寺难得这么热闹！

雪　　堂：是沸腾！

竹　　禅：龙藏寺已然不再——

青年男学生（画外）：这是有"小延安"之称的协进
　　　　　　　　　　中学！

青年女学生（画外）：这里也是新繁特支所在地。

青年学生（合）：要救国读协进，要革命到陕北！

雪　　堂：寺庙，堪破死生。

竹　　禅：学校，打造希望！

青年学生：革命，实现理想！

月　　泉：师父，生死和希望有何关系？

雪　　堂：生，当怀揣希望，方能坦然入死！

竹　　禅：生，当奔赴希望，方能凛然赴死！

李　　璠：为希望而不惜以死、不惧于死，方能勃勃而生！

月　　泉：那若是没有希望，岂不是等同于死？

青年学生／裴铁侠／侯作吾：是这个意思。

雪　　堂：万物流转无住，何来生死？！

竹　　禅：（似笑非笑）是为革命！

裴铁侠：说得好！（回声）

【一个孩子跑出，出入古今之间

孩　　子：爷爷、爷爷，那么琴，能给人以什么？

雪　　堂：琴像大海，你想要什么，它就给你什么。

喻绍泽：琴——

　　　　　可以修身、养德，它克制、它警醒，它澄明内心。

裴铁侠：琴，是自由，是飞翔，可以远离现实的局促，与天地同游。

当然,琴,也可以是政治。

竹　　禅:师旷曾以琴议兵、邹忌以琴谏政。

侯作吾:而今的龙藏寺,古木琴声,也一样滋养小延安。

孩　　子:那为什么,人们说了剑胆,还要说琴心?

竹　　禅:"小榻琴心展,长缨剑胆舒。"剑胆琴心,本无区别,都是理想抱负和内心涵养的最高境界。

侯作吾:比如谭嗣同!

裴铁侠:谭嗣同曾以雷击后的梧桐残干,斫琴两床,一曰"残雷",一曰"崩霆"。

【琴声起,浑厚、激越,侯作吾、裴铁侠和着琴声高吟

　　侯作吾:破天一声挥大斧,干断枝折皮骨腐。

　　裴铁侠:纵作良材遇已苦,遇已苦,呜咽哀鸣莽终古!

【众人情不自禁,鼓琴吟唱,歌声、琴声低回雄浑、令人动容

众(合):破天一声挥大斧,

　　　　干断枝折皮骨腐。

　　　　纵作良材遇已苦,

　　　　遇已苦,

　　　　呜咽哀鸣莽终古!

【琴,以及琴歌声渐渐为新的时代、政治歌曲掩盖、取代

竹　　禅:干断枝折,这腐肉总算是到了尽头。

雪　　堂:结束了?

竹　禅：这不结束了么！

【歌乐喧天，成都解放，满街沸腾

第三场

【减租退押运动，喻绍唐、喻绍泽、裴铁侠等大户人家，忙着变卖喻府器物，街上人来人往

【一帮青年学生上，纷纷投入新生活的洪流，新术语新歌曲、新的艺术样式一个个目不暇接，热闹非凡

【两边形成鲜明的对比场景：

　　进步歌声、表演形式——秧歌、三弦、快板书、竹琴等

　　服装打扮（旗袍、长衫、马褂——列宁装、中山装等）

【喻绍泽送儿参加抗美援朝战争，从人缝里挤了出来，绍唐赶紧迎上，裴铁侠也上前来

　　喻绍唐：出发了？

　　喻绍泽：出发了，说是年底就要抵达朝鲜。

　　裴铁侠：舍得么？

【喻绍泽摇摇头，欲语，绍唐安慰

　　喻绍唐：一代有一代的命运，就像这木材，做了琴，可
　　　　　　以悦耳；做了柴火，可以取暖……

　　裴铁侠：若是做了那栋梁，倒也万人景仰……

　　喻绍泽：（笑，淡然）其实并无区别。

喻绍唐：房子卖了么？

喻绍泽：卖了，现在住着六家人。他们一定要腾出两间屋留给我们暂住。

喻绍唐：也好，倒是免去了我们找房子的困难。

喻绍泽：喏，这是房款，等会就上交政府。

裴铁侠：你们城外的地呢？

喻绍泽：都分给农户了。

裴铁侠：都分了？！

喻绍唐：分了。他们很高兴，瞧，经常要给我们送些东西过来。

裴铁侠：高兴自然高兴，这往后的日子，怎么过呢？

喻绍唐：这古琴，现在怕是没有多少人学了，好在大哥还可以继续坐诊。

喻绍泽：我是旧教人员，英语肯定是教不成了，不过没啥，不会学呗，活人总不能被饿死。

裴铁侠：唉，我，老咯……就像这古琴。

喻绍泽：要不先生还是教教琴吧，总归有人想要学吧。

喻绍唐：裴先生，你家元俊，应该不错的。

喻绍泽：元俊是成都解放起义的功臣，以后前途无量啊！

裴铁侠：前途……只怕当真个无量……（苦笑）我真是担心……

这琴，怕是非但教不成……

【众人一时无话，看着新生活的洪流，老一辈琴人，稀稀落

落守望一旁，偶尔两三孩童好奇张望

　　喻绍泽：裴先生，后事不可量，我们还是弹弹琴吧。

　　裴铁侠：好！好！有琴弹就好！

【琴声起

【一青年学生唱着琴歌《大江东去》，高亢有力

　　青年学生：大江东去，浪淘尽，千古风流人物……

【裴铁侠精神一振，琴声也追随而去，琴与歌高亢相谐

　　裴铁侠／青年学生：故垒西边，人道是，三国周郎赤壁。

【喻绍唐、绍泽也追随而至，边弹边唱

　　喻绍唐、绍泽：乱石穿空，惊涛拍岸，卷起千堆雪。

【大家聚拢过来，颇为壮观

　　琴人琴歌：江山如画，一时多少豪杰。

　　　　……人生如梦，一樽还酹江月。

　　青年学生：遥想公瑾当年，小乔初嫁了，雄姿英发。

　　　　羽扇纶巾，谈笑间，樯橹灰飞烟灭。

　　裴铁侠：故国神游，多情应笑我，早生华发。

　　　　人生如梦，一樽还酹江月。

【裴铁侠反复吟叹，几个老琴人竟是老泪纵横，现场一时静默
【青年学生声音又陡起，唱起了毛泽东《沁园春·雪》
【琴声骤停，只有青年学生的声音高亢勇进、清越穿云

　　青年男学生：北国风光，千里冰封，万里雪飘。

　　　　望长城内外，惟余莽莽；

　　　　大河上下，顿失滔滔。

　　　　山舞银蛇，原驰蜡象，

　　　　欲与天公试比高。

【竹琴从人群中响起，几个竹琴艺人闪了出来

　　青年女学生：（拉着竹琴）须晴日，

　　　　　　看红装素裹，分外妖娆。

　　　　　　江山如此多娇，

　　　　　　引无数英雄竞折腰。

【手风琴声传来，青年学生复又高歌

　　合：惜秦皇汉武，略输文采；

　　　　唐宗宋祖，稍逊风骚。

　　　　一代天骄，成吉思汗，只识弯弓射大雕。

　　　　俱往矣！

　　　　数风流人物，还看今朝！

【现场气氛颇热烈，青年学生一片欢声，拉着手风琴、合唱远去

【光渐暗，人们渐渐散去，只有竹琴的声音，还在继续

【雪纷纷扬扬，偶尔的炮仗声

【光转，裴默痕在院子一角练习唱着竹琴，裴铁侠在近旁默默听着，裴默痕一曲练完，转身，发现父亲

　　裴默痕：父亲——

　　裴铁侠：这是最近要表演的曲目？

【裴默痕点点头

　　裴铁侠：现在怕是许久没摸古琴了罢

【裴默痕点头，又摇头

  裴铁侠：现在怕是没人要听古琴了罢
【裴默痕一愣，欲言，最后还是点点头

  裴铁侠：……

    去吧，别迟到了
【裴默痕背着竹琴出门，门外，锣鼓喧天
【裴铁侠取琴，理琴，弹《阳春》，眉头渐舒，外面一片锣鼓声传来，喧闹之极
【成都解放，外面欢腾、陌生，裴铁侠心忧、惶恐，世界的拒绝和陌生，弹琴也无法让他心静，屡次中断。喻绍泽上

  喻绍泽：许久没有听到裴先生的《阳春》了

  裴铁侠：这春天，我竟是不熟悉的了……

  裴铁侠：绍泽……

    我……恐怕……活不下去了。

  喻绍泽：铁侠，不必思虑太多……

  裴铁侠：绍泽……你，真的不担心么

  喻绍泽：（无言，许久）……我们不过是弹弹琴而已……

  裴铁侠：（快哭了）可你看看，这世界……还能让你安心弹弹琴吗？

  喻绍泽：这……

    惕生的病，有好转了吗？

  裴铁侠：躺了一年多了，始终不见好。

  喻绍泽：元龄有消息没？
【裴铁侠摇摇头，一头白发萧然

喻绍泽：老三元俊，应该总是进步的，这下腰杆硬啦，你放宽心。

　　裴铁侠：他，他进学习班，都一个月了。
　　　　　　进步不进步？这、这咋说得清啊？！

【二人一时无语，喻绍泽弹起《佩兰》，裴铁侠拄杖倾听，一时风萧瑟、雨萧瑟

　　裴铁侠：绍泽，你怕么？
【琴声停，喻绍泽起身，安慰裴铁侠
　　喻绍泽：也怕。不过有这双手，倒是做好了吃苦的准备，或许有天，它也需要搬砖，抡铁锤，糊泥做瓦。
　　裴铁侠：这双手，扛过枪，只是现在，他老了，累了，或许有天，怕是连搬砖，抡铁锤，糊泥做瓦的勇气也没了……
　　喻绍泽：你怕什么
　　裴铁侠：我看不见前面
　　喻绍泽：那就只看眼前好了
　　裴铁侠：眼前，也只是……一抹黑，我有点怕，怕等……
　　喻绍泽：等……等什么呢，眼下努力活着就好。
　　裴铁侠：……这世界好像不是我们的
　　喻绍泽：好在……古琴，还是我们的
　　裴铁侠：古琴，代表着过去……万一，连琴也不让弹了呢
【沉默。只闻雨声大作
【沈梦音拿雨伞上，扶住裴铁侠

沈梦音：铁侠，咱们，回去吧

【裴铁侠一愣，随即缓缓地点点头

　　裴铁侠：好！咱们回去！

　　（转向喻绍泽）绍泽，珍重！

【看着远处还不解事的小妹，裴铁侠特意停住了脚步，张望许久

　　裴铁侠：小妹，珍重！

【喻绍泽不由得上前一步，欲留，欲安慰，终觉无力、无奈

　　喻绍泽：铁侠！铁侠！

【裴铁侠和沈梦音相携相扶，如风中落叶，缓缓消失，琴声，裴铁侠的吟诵声传入

　　裴铁侠：来往怜幽独，怕伤情，知音不遇，古调难复。

　　　　　那更而今伤行隐，依旧清癯面目。

　　　　　但细审，非关荣辱。

　　　　　况复调残频骚乱，百无聊，似醉醒仍伏。

　　　　　长自在，倚修竹。

【雨声，年轻的裴铁侠匆匆而上，避雨屋檐下，琴声起

　　沈梦音：（惊喜）铁侠！

【院门吱呀，沈梦音抱琴而出，与中年铁侠月下清赏

　　沈梦音：（相契）铁侠！

【白发苍颜，裴铁侠与沈梦音展玩双雷，相对泫然

　　沈梦音：（欲语）铁侠！

【裴铁侠执斧，凿徽、断弦、毁琴，白发飘飞

沈梦音：（泪泫）铁侠！

　　裴铁侠：本来空寂，何有于物。

　　　　　去物从心，立地成佛。

【沈梦音曼声悲吟，昆曲（川剧凄美抒情调）声起

【牙板、二胡咿呀，秋声渐起

【裴铁侠的吟诵声再起

　　裴铁侠：逍遥本自无为最，望冥灵茫茫一瞬，岂堪重续。

　　　　　老病茂陵何须拟，才子于今未卜。

　　　　　空怅昔年时奔逐。景半萧条人还是，料无从再起谈家国。

　　　　　弹不断，水云曲。

【风声又紧，黄叶萧疏，街上行色匆匆，李璠从中走出

　　李　璠：我那时竟是忽略了，新的时代，新的思想，一切都是新的，我生怕落后了去，整天地追赶。

【李璠下，进入街上匆匆行人行列，有一青年学生从行人中走出

　　青年学生甲：Stefan Zweig，茨威格，裴先生的同龄人，奥地利著名作家。他写过诗、小说、戏剧、文论、传记，还从事过文学翻译，他被公认为世界上最杰出的中篇小说家之一。从二十世纪二十年代起，他"以德语创作赢得了不让于英、法语作品的广泛

声誉"。

青年学生乙：茨威格在1942年的遗书中写道：要想再次开始全新的生活，那是需要有特殊精力的，但是我已年过花甲，我的精力在流离失所、颠沛流浪的漫长岁月里已经消耗殆尽。因此我觉得还不如及时以尊严的方式来结束我的这个生命，结束我这个始终视精神劳动为最纯粹的快乐、个人自由为世界上最珍贵的财富的生命为好。我向我所有的朋友致意！愿他们在漫漫长夜之后尚能看到朝霞！我这个人过于性急，要先他们而去了。

青年学生丙：茨威格的《人类群星闪耀的时刻》，自问世之后，一版再版，那薄薄的书册，不知道激励了多少人。穷途末路的时候、卓绝抗争的时候、焦灼茫然的时候，闪耀的人类群星照亮了前程。

【青年学生下，没入街上匆匆行人中
【一外国人上，拿着信函，向着虚空
　　外国人：裴先生、裴先生！剑桥大学的邀请到了！
【外国人四处寻找，复又没入行人
【早春，外面时时有风声、七零八落的呼叫声起，远处有的地方有火光，骤然而起，又倏然遁灭。街上行人三三两两，

小声议论，有的兴奋，有的懊恼，有的沉默却无尽忧虑，也有个别则行色匆匆，贴着街角潜行，似乎一切都在变数之中

【冷月，喻绍泽搬出琴桌，理琴，抚琴

【周围渐渐沉静下来，人们也安静祥和

【传来噼噼啪啪的燃烧声音，夹杂有利器重击的声音

【喻绍泽不为所扰，只是埋头弹奏，一声厉响，弦断

【利器撞击声越来越重，竟如洪钟大吕一般

【喻绍泽抖抖索索接好弦，依旧卓然鼓琴，全然不受影响

【重击声似梵音般笼罩了全场，金属的咔嗒声，如同生命跳动般

【弦断了，继续，弦又断，又断，喻绍泽看着光光的琴面，突然掩面大哭

（幕后）：二少爷——走啦！

裴先生——走啦！

……

【哀伤抒情的乐音响起，画外音低沉空茫、反复吟诵

画外音： 钟期一病竟沦亡，每忆高山易断肠。

投牵几曾惜得丧，弹琴何用不开张。

自伤抑塞幽兰谱，学老空余薤露香。

枉说知音来后继，石桥沙影雨茫茫。

（裴铁侠《追念亡友徐孝琴》）

第四场

（新中国成立，古琴在一蹶不起的时候，渐渐复苏）

【喻绍泽进来，满身是灰，划痕，疲惫，但声音依旧沉稳

　　喻绍泽：快给我杯水，今天可是我最高纪录，一小时敲了一百块砖！

【喻夫人抱着一大捆茉莉花进来，顺便把毛巾递给喻绍泽

　　喻夫人：（心疼）你呀，还真要干哪行爱哪行了？

　　喻绍泽：可别说，我这手不只会弹琴。

【众笑，绍泽坐下，妻子和孩子也聚拢了来，一家人在昏黄的灯光下，手剥茉莉花瓣

　　小　孩：嗯，好香！

　　喻夫人：小心别弄乱了，明天还要把这花瓣送到茶厂。

　　喻绍泽：咱可是还没喝上茶，倒先品了花的香。

　　喻夫人：这茉莉花的香，正配这茶的清。

【喻绍泽顺手把琴置于膝上，轻抚

　　喻绍泽：再加上点琴声如何？

　　喻夫人：你总是忍不住，得轻点，别让声音传了出去。

【喻绍泽一边抚摸琴弦，一边闭目倾听，琴声似从心中响起

　　喻绍泽：世间美好，莫过如此

【喻夫人不由得苦笑了起来

　　喻夫人：你看你这一天天，敲白果、剥花生、摘花瓣、劈砖块、打豆子、抹泥墙、见到什么做什么，倒是所有的指法都用上了，偏偏碰不着琴弦。

这触着琴弦了,反而不敢动指了。

喻绍泽:就这样,每天能摸摸琴弦,已经很好了。

喻夫人:(心疼)要不,你就轻轻地、轻轻地弹,我到院子里给你听着。

喻绍泽:不用,我这心里,一直有琴声响着呢!

【许久,孩子们渐渐睡去,夫人拿出一只花瓶,反复擦拭,有点发呆

喻绍泽:当初陪嫁的时候,我记得是一套八个,这最后一个,还是留着罢。

喻夫人:孩子们正长身体呢。

【喻绍泽无言,光线暗,琴面上的金轸闪闪发亮,琴声起,低沉,滞重

喻绍泽:把这琴上嵌着的几枚金轸,明天去换点粮食吧。

喻夫人:这可是你的命根子……

喻绍泽:琴在就好……

【低低的琴声起,微暗光下,喻绍泽弹琴,周围黑暗中语声错落、重叠,人影来往,影影绰绰,都与买琴、谋生有关

男人们:(错落)店家,这几枚琴轸,你好歹帮我留着,我还要来赎回它。

男人们:店家,这琴,你看它值多少钱。

【看成色,偶尔弦响

掌　柜:喏,三两。

男人们:店家,这可是一张宋琴啊。

掌　柜:什么宋琴唐琴,这年头,有人要就不错了。

妇人们：（错落）你……真舍得？

丈夫们：（错落）活下去要紧！

妇　人：唉！要是这漫天的星星，都是粮食多好。

丈　夫：要是这漫天的星星，都是琴轸多好。

【小孩的声音传来，灯光渐亮

孩　子：要是这漫天的星星，都是丁丁糖、麻花儿糖，多好。

喻绍泽：饿了哇？

【小孩趴在琴桌边，眼巴巴看着喻绍泽

孩　子：嗯……爷爷，我好饿。

喻绍泽：来来来，你闭上眼睛，听我给你变魔术，一会儿就不饿了哈。

【喻绍泽弹琴，模拟街上卖小食品的声音，《卖小食品》的旋律起，画外货郎的声音，孩子听了听，也跟着唱了起来

|5（高八度）---|3.3 2.3-|1 1 6 2|　5-（高）3.21|　6 1（高）2.（高）1（高）|6 .1-（高）

6 .5|　　　2.12.1|　　　22-1|　　　　|22-1|

　　　　　3. 2-1|6(低) 6（低）1-|5（低）5（低）

6--|　1.32-|　　　1.21-|　　　　6-21|

5（高八度）……

货郎/孩子：（唱）有——

　　　　甜的脆的糖麻花儿，

　　　　嗯头儿糖、薄荷糖、棒球糖、

　　　　软糖、花糖、烟杆儿糖、珍珠糖、

　　　　糖豆豆儿、牛肉松、南瓜子、人参米儿……

　　　　有——

　　　　酸酸儿桂圆儿——

【歌声中，光线明亮起来，五彩光中，飘浮着五颜六色的糖纸，两三个小孩快乐地追逐

【孩子趴在琴头慢慢睡着了，嘴里还喃喃地咕哝

　　孩　子：爷爷，我要……嗯头儿糖。

【喻绍泽摇摇头，继续弹，光线渐渐暗了下去。外面卖甜水面的声音传了过来，幽幽地，一盏灯，一个老头挑着个担子晃悠悠地走过去，颤巍巍的声音传来

　　老　头：甜水面喲——

【喻绍泽听着这声音，不由得住了手，望着远处，黑茫茫的，没有一点光亮

【收光

【通通通的敲门声，汽车喇叭声，光起，查先生的爽朗的声音传来

　　查阜西：绍泽，我们古琴的春天，来啦！

【灯大亮，查阜西、李健等四五人上场

　　查阜西：绍泽，第一次全国古琴普查开始了！

　　李　健：建国后百废待兴，古琴，我们这些琴家，国家开始重视啦。

查阜西：我们走访了江浙、华南，现在轮到四川了。

【散在四处的琴人开始聚拢了过来，琴声流水淙淙，鸟语花香

　　喻绍泽：看来这川江，终于要冲出大山了。

　　查阜西：何止是冲出大山，以后，在不久的将来，我们的古琴，还会远渡重洋——

　　李　健：（抬头四望，无限憧憬）说不定啊，有一天，还会流响在这浩瀚的太空。

【诸琴人兴奋莫名，开始议论，查阜西转过头，兴奋地

　　查阜西：新的生活要开始了！

　　众　人：（惊喜）是的！是的！是的！

　　查阜西：（对大家）这是一个全新的时代，（转向喻绍泽）古琴现在开始列入了高等教育了！

　　喻绍泽：这是说，我可以重做教师了？！

　　查阜西：对头！不过这回不是英语教师，是古琴教师！

　　琴人甲：我们不再只是一个艺人？

　　琴人乙：不再只是一个琴人，一个文人？

　　李　健：全国已经建起了几所音乐学院、歌舞剧院……

　　查阜西：在新中国，我们的音乐，不！人民的音乐，将会蓬勃发展。

　　喻绍泽：（感叹）新的生命开始了！

　　查阜西：这是一个伟大的时代！

【很多青年学生持着各类器乐，走上前来，几个乐音，民乐合奏、致意

　　合：新的生活开始了！

画外音：（英语）

> 1956年，中国以举世瞩目的增长速度提前完成了第一个五年计划，取得了社会主义改造和经济建设的巨大成就。在这一年，全国社会总产值比1952年增长60%以上；国家财政收入比1952年增长50%。中国用了四年时间，差不多走完了当年西方资本主义国家用了十年至二十五年才走完的路程。与此同时，国家也制定了一系列新的文艺政策，新中国全面复苏，知识分子的春天来到了！

（中文字幕在背景屏幕同步出现）

【后区，喻绍泽教授古琴，学生往来习琴场面

青年学生甲：经查阜西推荐，喻绍泽成为四川音乐学院第一位古琴教师，川音古琴专业从此开设。

青年学生乙：这个教了大半辈子英语的老师，终于可以开始教他心爱的古琴了。

学生丙：龙琴舫被推荐进了省歌舞剧院，致力于古琴演奏和研究。

学生乙：裴铁侠……

学生丙：裴铁侠去世不到十日，北京来信请他北上，研习古琴。

学生甲：与此同时，英国人毕铿，专程来电邀他远赴英伦讲学。

学生乙：看来，这是一个春天，古琴的春天。

　　学生甲：这是一个春天，共和国的春天。

【青年学生就地坐下习琴

【虚拟群体出现，雪堂、竹禅等现

　　雪　堂：这可比当年的龙藏寺兴旺多了。

　　学　生：这比后来的协进中学也规模化、专业化了。

　　竹　禅：想当年怡园雅集，川派古琴名扬沪上，当场受邀留沪授徒的琴人就有三人。

　　张孔山：但一年之后，风流云散，均不知所终。

　　学生丙：那时的他们，只是一个艺人。

　　学生丁：如今他们是主人，至少，是……

　　学生戊：是可以团结的一部分人。

　　学生丙：是可以改造的一部分人。

　　学生乙：是可以利用的一部分人。

　　学生甲：是人民！

（以成都平原、川音、怀园为背景，水影重叠，插入龙琴舫等诸多琴人在不同场所、不同岗位上的演奏，各类艺术齐头并进的场景）

【成都街头热闹非凡，喻绍泽流连街头各处，观察、聆听商铺小贩各类声响

【茶馆里，一伙计提壶倒茶的绝技，茶水注杯的写意

【一锅盔摊前，锅盔师傅揉面、造型、油煎、烘烤、起锅……一系列连贯的动作，行云流水，节奏声响的写意

【一掏耳朵艺人手摇着一串特殊工具，庖丁解牛般施展绝技，

空气中发出清脆又细若游丝般的声响

【市井声音渐消,夕阳下,几个小孩放学路上,连走带跳,书包啪嗒啪嗒拍打着屁股走过去

【月影移墙,怀园半墙隐约在望

【喻绍泽试谱新曲,一边思考、试奏,一边记谱,慢慢越来越流畅

【喻绍泽演奏古琴新曲《市声》

【虚拟群体出现,雪堂、竹禅等现

  雪 堂:诸位,这是什么曲子?

【众人倾听,摇头

  张孔山:没听过!

  竹 禅:没听过!

  星 槎:没听过!

【众人继续仔细辨音

  张孔山:我怎么听出点四川锣鼓的味道。

  星 槎:还有点四川清音的尖俏。

  雪 堂:有点川剧的……

  竹 禅:我倒是闻出点锅盔味……这是在和面、揉起、油煎、焖到……起锅了!

     看到没,飞起个旋旋,落簸箕头了。

  张孔山:锅盔过了,现在是茶馆,伙伴在飞热帕子……哦,快,盖碗茶来了。

  星 槎:我闻到了茶水香……盖上盖儿啦。

雪　　堂：嗯……好像还有点府河岸的青草味……

（疑惑）这是古琴么？

张孔山：（反问）这不是古琴么？

竹　　禅：这怎么就不是古琴呢？

既然有七十二拂的跌宕，就当然可以有盖碗茶和锅盔嘛！

雪堂 / 星槎：对头！对头！

【众人哈哈大笑，消失

【舞台上，喻绍泽一曲弹毕，会场掌声雷动
【声音渐远，光转，怀园，喻绍泽抱着琴上，夫人迎上

喻绍泽：夫人、夫人，我被选为成都市人大代表了！

喻夫人：（惊喜）太好了！不过——

四十年代中期，你不是坚决不当"国大"代表么？怎么这次就肯了，还这么高兴？

喻绍泽："国大"代表？不过是那时国民党别有用心地指派来蒙世人的幌子，当然不去、不去、坚决不去！

我，一个琴人，却到了四川音乐学院当古琴教师，还受到毛主席、周总理的接见，现在又被人民选了出来。

喻夫人：这说明我们的国家重视古琴、人们热爱古琴，大家信任你！

【建国十周年礼炮，全国欢天喜地，广播中琴曲响起，喻绍

泽新创作的琴曲《欢庆》

  喻夫人：看来，我们古琴的春天，终于来了
  喻绍泽：是啊，要是裴先生能等到今天，多好！

【琴曲继续，慢慢断续嘶哑起来，终至消失
【喻绍泽夫妇不由紧张，其余琴人也零散上场

  学生甲：裴先生，啥子陪先生伴先生？你们这全都是些封建残余，阻碍新时代的发展！
  学生乙：你，你，还有你！你们这些老古董，守着个老古董，还不退下历史舞台！

【"文革"的逆流开始袭来，广播的声音（可以考虑英文广播）
【歌声、口号开始夹在琴声里，直至一场混乱，一张张琴被查抄了出来
【背后暗处，一张琴扔了过来，紧接着，四面八方，一张张古琴被扔到舞台上
【一阵杂沓的声音，有的挑着一担、有的推着一板车古琴，稀里哗啦倒在台上，很快堆积成山
【一声尖锐的厉啸，一支火箭一样的东西，古琴噼噼啪啪燃烧了起来
【琴人有的小心翼翼地藏了起来，但大多数抖抖索索地将琴捧了出来，看着火光，有的掩面而走，有的看着火光发呆，火光渐渐熄灭，灰烬一样的死寂

琴人甲:"破四旧",这是"四旧"吗?

　　琴人乙:是不是"四旧"不知道,但我,终将是旧物吧

　　琴人丙:这古琴,传下来好歹也上千年了,越旧越反动,这一次,怕是躲不过去了

【一摞摞书也被抱了出来,一本本音乐著作被投向墙,又散落到地上

【怀园墙壁上,"打倒封资修"的标语在昏暗、摇曳的电灯下若隐若现,红色的"打"字粗暴、扎眼。远处哐当哐当机械的撞击声不紧不慢地响着

【绍泽和怀园诸多音乐家在墙壁前张望,周围一片混沌的绿,或者索性暗黑

【一阵嘈杂难辨的声音嗡嗡响起,随即静默,众人各自无声归位(各自归于"封资修"三字下,此处务必表现出一种荒诞)

【静默中,远处的钝响依旧

【月亮升起来了,穿过粗大的窗棂、横梁,落在怀园石墙上,温柔、纯净

【喻绍泽看着如沐着轻纱的"怀园"两个字,手臂不由自主地慢慢抬起,手指动了起来,抹、勾、打、拂(场外古琴声慢慢响起)

【另两处的人加入了进来

　　音乐家(资):喻先生,我给你来点钢琴伴奏。(场外加入钢琴伴奏)

　　音乐家(修):喻先生,再来点手风琴。(场外加入手风琴乐音)

【小号手走了过来,做出吹小号的动作;紧接着二胡、笛子、小提琴、大提琴手出场,纷纷演奏,汇聚成一个中西合璧的交响乐队的剪影

【资阵营中一位指挥家直接站了出来,开始指挥(场外中西合璧的交响乐响起)

【一场中西合璧的音乐会在没有一件乐器的音乐家中展开,月色如纱,迷梦一般,如诗如幻

【一个脆生生的革命小将(背影)呵斥的声音响起,随即一个、无数个穿着军装的中学生出现

  革命小将甲:干啥干啥?睡不着是不是!

  革命小将乙:(冷笑)我看他们是冷了。

  革命小将甲:冷——?有办法,来!过来烤火!

【音乐消失,远处的钝响清晰地传了来

【小将抖着一本本琴谱、顺手撕下,随即划火柴点燃

【有个小将就着火光,翻看封面,念出声

  革命小将:《古琴概述》?

     (哗啦哗啦地翻内页)这是啥洋码字?接头暗号?电报密码?

  喻绍泽:(苦笑)这是古琴谱。

  革命小将:琴谱?嚯哪个!好好好!你说是琴谱,那就唱给我听听。

【喻绍泽唱《关山月》琴谱,手不由自主地弹了起来,有一两小将不由自主地沉浸下来,口里不觉哼出了声

  革命小将:明月出关山,苍茫云海间

　　　　长风几万里，吹度玉门关

　　　　汉下白登道，胡窥青海湾

　　　　由来征战地，不见有人还

　　　　……

【突然传来一声大喝

　　幕　后：这种封建主义的余孽，唱什么唱？还不快烧
　　　　　了它！

【众人一时哑然，继而那帮小将们一跃而起，争先恐后地跟着推搡、起哄

　　革命小将：对！烧了它！烧了它！

【有人开始点火，光影摇曳混乱，更多的书被投入火海

【革命小将押着人把一摞摞书搬了过来

【火光熊熊，溢满舞台。小将们离去

【有琴人追随而来，望着火光长吁

【有琴人呼号而来，望着火海匍匐于地

【有琴人一身黑衣，携一琴一书，从火光前走过，消失在光焰之后

【火光渐渐熄灭，一片漆黑，渐有《高山》琴声传入，艰涩、滞重又无比困顿

【后区光渐起，依稀可见有山洞，洞中孤灯一盏，枯僧独坐，端居洞中

【画外《道德经》，反复吟诵

　　画　外：上善若水，水利万物而不争……

【《流水》遥起，《道德经》吟诵继续，《高山》继续

画　外：……处众人之所恶，故几于道。

【枯僧俨然杳然已逝，琴依旧在怀，面贴琴面，永沉黑海

【琴落地，轰鸣

【《道德经》吟诵依旧，《高山》《流水》声依旧

画　外：……居善地；心善渊；与善仁；言善信；政善
　　　　治；事善能；动善时。
　　　　夫唯不争，故无尤。

【最后所有的情感汇聚指尖，《高山》与《流水》相应相和、大气磅礴，诉尽向往，弹尽悲愤

【光渐暗、琴声渐杳，晨曦微显

第五场

【后区光影，龙琴舫手悬半空，弹琴的剪影，琴声澹远清微

【光影移动，变形、畸陋的手指空悬于琴，在背景上形成巨大的投影，稍后手指慢慢艰难地移向琴面，如拨千钧般，稚拙、突兀的钝响，然后稍流动，然后炽烈、奔腾，如地火般奔突、喷薄

【老年龙琴舫在虚空中鼓琴，琴声起，琴声苍凉，沉静澹远中又暗含无尽悲怆

【不同时期的影像从后区走过：20岁左右、身着戎装的军人，俊朗英武，目光坚定清澈，向远方注目。40岁左右的私塾先

生持卷上场，远处老牛夕阳，一群学童拥他走过

【琴声渐转艰涩，凝滞直至静寂、无声

【画外音起

> 龙琴舫：（画外音）舫学无术，幼癖嗜琴，数十年糊口四方，以致一曝十寒，毫无成就。博得虚誉，贻笑知音，民三十厌世，还乡重研古调，颇慰清贫，两鬓吹霜，痼疾忽发，殆类瘫痪，左名右食，窘于下指，实属毕生之恨。

> 龙琴舫：（画外音，回音）毕生之恨……

【投影中手颓然落下，琴弦被陡然触碰，发出突兀之声

【收光，琴弦余音依然

【有人轻轻敲门、轻声呼唤

　　喻先生、喻先生，查老从北京来看你了！

【随之光起，喻绍泽居于一角，抱着床被子，在黑夜中，望着茫茫前方，闻声一振，眼里隐隐亮光

【喻绍泽出门左右看看，迎上查阜西，二人执手相看，上下打量，悲喜莫名

> 二人同声：还好？

> 二人同应：还好。

> 喻绍泽：好……只是……你看，这琴……

【查阜西唏嘘不已，环顾四周，遗憾

> 查阜西：看来，你这琴，也全被收缴毁掉了。

【喻绍泽关上门，关上了窗，转身向床，从被子里取出琴，

查阜西愕然

  查阜西：卧看文书琴枕头，这风雨如晦的日子，你倒还能坚持，这金屋藏娇，层层关卡，怕是夫人也不知晓吧。

【绍泽揭开被子，取出琴

  喻绍泽：（笑）阿娇哪比得上我这个。

【喻绍泽理琴，万籁俱寂，热腾腾的茶香，压抑的琴声，清冷的城市街道上，到处都是大字报，红色、黑色的大字、大叉若隐若现。街上行人寥寥，偶有人经过，行色匆匆，枯黄的光笼罩一家小院，若有若无的琴声透出，让行人稍稍驻足，微微一笑，继续前行

【天微明，二人走出院子，查阜西道别，远处锦江依稀如练

  喻绍泽：这天，快要亮了罢？

  查阜西：这天，是一定会亮的！

【老成都街景（写意、淡淡勾勒），喻绍泽伫立锦江边，琴声低沉、苦涩，难以为继

  竹琴说唱：晨雾去来，白鸟起落

【竹琴声从远处传来，由远而近，裴墨痕弹着竹琴从后区出现，伴着竹琴说唱（当时时兴的内容），在江边雾中时隐时现，竹琴声渐消，金钱板声又起，一群革命青年说唱着蜂拥而过（金钱板：《为女民兵题照》）

  飒爽英姿五尺枪，曙光初照演兵场。

  中华儿女多奇志，不爱红装爱武装。

【扬琴声又起，男女各一人咿呀而过

【喻绍泽端详良久，回到琴上，手悬空，半晌，触弦，零零落落，奏起《学习雷锋好榜样》

【琴声开始艰涩、别扭，后来开始流畅，甚至欢乐，有了时代的音响，后区先辈们议论

  汉 阶：这，古琴有这曲子么

  张孔山：琴，总要传下去

  星 槎：我们不可能永远只停留在高山流水

  雪 堂：立足根本，推陈出新，方为生命

  张孔山：真正的琴人从来不尽是漠然世事的神仙

  竹 禅：即便如此，无论古今，琴人身边，总是寥落

【一个小孩从这些先辈们中挤了出来，向喻绍泽跑了过来

  小 孩：爷爷、爷爷，这个我会

  喻绍泽：好听么？

  小 孩：好听！只是这个琴的伴奏，让人好安静

【爷爷欲笑，却止不住地落泪，也不再搭话，只管着手——弹去

【一群小孩过来，好奇地听

【远处，打着铺盖卷的孩子们渐渐出现，火车汽笛声，孩子们逐渐离开，先前的小孩子孤零零地立在原地，似乎长大了些。冷月下，城市空旷而沉闷

【琴声从院里传出来，安和，沉静。孩子走了过来，轻轻推开院门

  孩 子：爷爷，教我弹琴吧

喻绍泽：学琴，会很寂寞的

　　孩　子：可是不学琴，更寂寞

【再也无声，只有琴音，半晌，喻绍泽摸摸小孩的头

　　喻绍泽：读过李白的《关山月》么

【琴声起，歌声起，平缓苍凉

　　喻绍泽：明月出天山，苍茫云海间。

　　　　　长风几万里，吹度玉门关。

　　孩　子：爷爷，琴声为何如此苍凉

　　喻绍泽：你听——这是思乡呢

　　孩　子：思乡？

　　喻绍泽：是啊，思乡，每一个人都有一个故乡，一个再也回不去的地方。

【喻绍泽弹奏《思念》，小孩安静地听着，半晌

　　孩　子：爷爷，你在想念什么呢？

　　喻绍泽：有个老爷爷，比爷爷还大的老爷爷

　　孩　子：那您，能见到他么？

　　喻绍泽：在弹琴的时候，我常常能见到他

【孩子沉默，专心听琴，半晌

　　孩　子：我想，我也能见到他

【琴声继续

【雪堂、竹禅、汉陛、星槎、裴铁侠等纷纷上

　　雪　堂：这是《忆故人》？

　　竹　禅：这不是《忆故人》

　　　　　　但，这分明在忆故人啊

【琴声继续，声音渐渐大了起来

  侯作吾：回不去了么？

  裴铁侠：回不去了啊！

  龙琴舫：回不去啰！

【其余琴家渐次上，反复吟诵，雪堂说偈语、禅语（可插入琴诗、琴歌）

  雪 堂：你从双桂堂出发，最终还是回到了双桂堂

  竹 禅：离开是避祸，归来是栖息，何如你，一直坚守龙藏

  雪 堂：远走与坚守，并无区别

      如这龙藏寺前的水流

      它流过兰若精舍，也曾听过协进高歌，如今却作了战争的栖所

  星 槎：龙藏寺没矣，荣军院出矣

  竹 禅：非也，战争的硝烟在淡去

      时代的纷乱已趋平静

      龙藏寺，存与不存，都是安栖生命

  雪 堂：阿弥陀佛，佛结善缘，治病救人，即是最大的善缘

【古木庙宇间，琴声起，三四青年学生鼓琴，荣军院残疾军人们沐浴夕阳余晖，神情淡然、安宁，偶有医护人员穿梭其间，流水鸟鸣，一片氤氲

  青年学生：琴，能记忆生命中所有的美好

  青年学生：琴，平静澹泊不掩波澜壮阔

青年学生：它是隐逸的高士，也是英雄的斧钺
青年学生：古琴，是过去
青年学生：古琴，也是现在

【三个外国人从不同方位渐次上

外国人1：Herakleitus said, Man can not stand in the same river twice.

But now, I have entered the ancient river of the East, and followed her, and ran on.

（赫拉克利特说：人不能两次踏入同一条河流。但我现在，蹚进了东方这条古老的河流，跟随她，奔流不息。）

外国人2：Chinese characters, porcelain, chimes, yes, guqin!

（汉字、瓷器、编钟，对了，还有古琴！）

外国学生男：She's so old.（她是那么的老。）

外国学生女：And she's so young!（她又是那么的新。）

合：我们为之深深沉迷。

【不同肤色的外国人从不同方位渐次上，一群外国学生围聚在喻绍泽等琴家周围

【不同时空，喻绍泽传授古琴，更多的人教授古琴

外国学生3：一张琴，就是一部历史

外国学生4：琴曲，是延续的精气神

外国学生5：琴人，就是抒写的传奇

外国学生6：他们的沉静、谦逊，让我更深刻地理解古老中国

外国学生7：他们的坚守、精进，让我更深刻地理解现代中国

外国学生女：I think I'm in love with her.（我想，我爱上了她。）

外国学生男：You mean the guqin？（你是说古琴？）

外国学生女：And China.（还有中国！）

喻绍泽：The sound of the guqin can create the beauty that is not in real life.

（琴声，能创造出现实生活中所没有的美好。）

【更多的各色人（包括外国学生）抱琴而上，或坐或倚，奏起《关山月》。先参差，后逐渐合一，波澜壮阔

【四十余床古琴合奏、弹唱《关山月》

【诸位琴家现，吟诵

众（合）：明月出天山，苍茫云海间。

长风几万里，吹度玉门关。

汉下白登道，胡窥青海湾。

由来征战地，不见有人还。

戍客望边色，思归多苦颜。

高楼当此夜，叹息未应闲。

吟诵（多重唱）：明月出天山，苍茫云海间。

　　　　　　　　长风几万里，吹度玉门关。

【光线中各种古琴错落张弦，琴名也在光中次第浮现：古龙吟、响泉、古鲸、鸣玉、松涛、引凤、大雷、小雷……

尾声（兼谢幕）

星　槎：他们遇上了一个坏的时代。

汉　阶：不，他们遇上了一个好的时代！

竹　禅：哪里是他们，是琴！

雪　堂：是琴，也是他们！

张孔山：当年书琴璀璨，而后寂寞颓败，再后来革命澎湃，孰知生死？孰料变幻？

星　槎：情起情生，琴毁琴灭，古琴，竟是如此波折！

竹　禅：在几近灭绝之境，总会有复苏之机，终会一片蓬勃。

雪　堂：可哪一样不是内蕴热恋，满怀慈悲？

竹　禅：有裂缝，才有亮光

张孔山：有音乐，才有美好

汉　阶：犹如这龙藏寺

星　槎：恰如这龙藏寺

雪　　堂：但他们，不止这龙藏寺

【竹禅《忆故人》琴声起
　　雪　　堂：那是一个普度众生的地方
　　星　　槎：那是一个济世救民的地方
　　竹　　禅：那也是一个安放生命的地方

　　幕后合：新繁寺里雪堂师，万树梅花万首诗。
　　　　　　记得当年人日作，龛灯挑尽夜眠迟。

【众人向后区散驻，弹琴《忆故人》
【民国琴家先后上
　　裴铁侠：雪堂的时代在远去，可《流水》，从此流转
　　查阜西：亦如当年，大小雷琴，沙堰琴集成编
　　龙琴舫：铁侠的时代也正在远去，但猛志固常在
　　喻绍泽：亦如当年，锦水湾处，牛背夕阳，躬耕授琴
　　青年学生：怀园的记忆亦将消散，艺术的圣殿历久弥新
　　外国学生：亦如当年，瓜棚花下，朝歌夜弦

　　合：音乐，能创造生命中所没有的美好

【众散，弹琴《忆故人》

　　孩　　子：我们赶上好时代
　　青年学生：我们根植川派，但又不止于川派

青年学生：这流水，早已远渡大洋，穿越星汉

青年学生：她那么古老，又那么年轻

喻绍泽：她，承载着长河的记忆

孩　子：她，奔向浩瀚的文明

【众席地而坐，弹《忆故人》

【合奏《忆故人》，琴声满室

【幕落

【剧终】

王光祈

大型原创歌剧文学剧本

吾将登昆仑之巅，吹黄钟之律，使中国人固有之音乐血液重新沸腾吾将使吾日夜梦想之「少年中国」灿然涌现于吾人之前因此之故，慨然有志于中国音乐之业。

——王光祈

主要人物

王光祈：男高音，少年中国学会的发起人之一，社会活动家、音乐理论家。

魏时珍：男高音，少年中国学会的发起人之一；名嗣銮，字时珍，王光祈同学、挚友，一起赴德留学，我国著名数学家、教育家。

李劼人：男高音，王光祈同学、挚友，少年中国学会成员，现当代文学史上著名作家。

周太玄：男中音，王光祈少年同学、挚友，1919年留法，少年中国巴黎分社负责人，我国著名生物学家、诗人。

毛泽东：男高音，少年中国学会会员。

宗白华：少年中国学会会员，王光祈挚友，1920年留德，著名美学家、哲学家。

李大钊：男中音，北大图书馆馆长。中国最早的马克思主义者和共产主义者之一。

胡　适：北京大学教授。

蔡元培：北京大学校长。

曾　琦：男高音，王光祈同学、好友。少年中国学会会员，1919年留法，中国青年党创始人。

卫礼贤：男中音，王光祈德国友人、同事，热爱音乐，德国汉学家。

若　膺：女高音，王光祈的恋人，新女性。1920年留法，后与王光祈决裂。

次　玛：女中音，王光祈的妻子，写意形象，与王光祈的母亲构成同位、补充关系。温江主题代表。

另　有：群众演员30—50人，兼饰五四爱国青年、工读社学员、法德留学生、国外友人。

序　歌：昆仑之巅

上半场

第一幕：少年中国
第二幕：工读互助

幕间曲：去国辞

下半场

第三幕：去国怀乡
第四幕：昆仑之巅

终　曲：等着我啊，等着我

序　歌

混声合唱：《昆仑之巅》

吾将登昆仑之巅，
　吹黄钟之律，
　使吾万千人民
　　热血沸腾
　使少年之中国
　　灿然涌现

　在那昆仑之巅
　在那昆仑之巅
　　……

上半场

第一幕　少年中国

（1919年，巴黎通讯社/北京）

【收发电报的声音，嗒嗒嗒嗒的打字声，王光祈接到周太玄发来的电报

【周太玄的声音，激动、悲愤，语速变化中完成周太玄声音与王光祈声音的自然衔接

男中、高音轮唱：《巴黎和约》

周太玄：快让国人知晓！

　　　　快让国人都知晓！

　　　　巴黎和会——

　　　　中国的交涉完全失败

　　　　德国在山东的权益，日本接管

【王光祈飞速打字发报，复述、接续周太玄的声音，继续

  周太玄／王光祈：巴黎和会——！

      违背世界公理人道

      无视中国的主权

      侵吞中国的利益

      我胶州亡矣！

      我山东亡矣！

      国不国矣！

【嗒嗒的打字声、电报声传至四方，急促压抑，与合唱声混杂，声音越来越大，快爆发至顶点时，戛然而止

  幕后合：（小而急促）完全失败、完全失败……

      日本接管、日本接管……

      胶州亡矣、山东亡矣……

      胶州亡矣、山东亡矣……

      国将不国矣！

【一切声音消失，唯有细若游丝的一线，让人压抑、不安

【王光祈情绪越来越激动，声音悲愤、颤抖，一拳击在桌上

  王光祈：哀我中国！

【远处传来歌声，如暗流涌动

多人轮唱、合唱《不能忍》

  合 唱：不能忍

      不能忍

　　　　　　……

【王光祈站了起来，"哗"地一下推开窗，冷白发亮的天空，开始泛起隐隐橙红。远处青年学生的口号声、歌声，雄浑悲愤，排山倒海，扑面而来

　　合　唱：不能忍——

　　　　　　不能忍——

　　　　　　压迫，剥削

　　　　　　呻吟、痛苦

　　　　　　不能忍！

【王光祈冲上街头，与队列前的青年汇合

　　魏时珍：光祈！青岛——胶州、山东……

　　王光祈：我已把消息发往上海、成都……

　　曾　琦：被瓜分！被践踏！国亡无日也！

　　宗白华：这世上，还有什么公理！

　　王光祈：（悲愤，几于哭号，无法正常表述）

　　　　　　这老大的中国！

　　　　　　这受苦受难的中国

　　　　　　这备受凌辱的中国

　　　　　　这任人宰割的中国

　　　　　　谁还跟她讲公理！

【更多青年学生涌上街头

　　高亢女声1：实在不能忍

　　高亢女声2：这实在不能忍

　　男声合唱：压迫，剥削

呻吟、痛苦——

黑暗、腐朽

奴役、屈辱——

合　唱：不能忍！

不能忍！

多人轮唱、合唱《这老大的中国》

【更多的青年人走来，王光祈汇入人流，和李劼人、李大钊等汇合

王光祈：这积重难返的中国！

曾　琦：这暮气沉沉的中国！

周太玄：这哀鸿遍野的中国！

李大钊：我这苦痛的垂死的中国！

【远处口号声、呼声传来，应和着青年学生

合　唱：这老大的中国！

这受苦受难的中国

这备受凌辱的中国

这任人宰割的中国

【合唱越来越激昂、高亢。合唱声中，一个火把，噼噼啪啪蔓延，点燃赵家楼，也点燃了青年心中救亡、探索之火

烧掉——这积重难返的中国

埋葬——这暮气沉沉的中国

燃烧——这哀鸿遍野的中国

拯救——这苦痛的老大的中国!

【王光祈的电报通讯源源不断发回四川,点燃四川救亡求存之火,独唱、合唱,先是北京、成都两个空间,接着更多不同方位青年游行队伍出现,歌声此起彼伏,又爱又恨,又恨又痛

多重合唱:这老大的中国!

这受苦受难的中国

这备受凌辱的中国

这任人宰割的中国

这积重难返的中国

这暮气沉沉的中国

这哀鸿遍野的中国

我这苦痛的老大的中国

烧掉、埋葬

推翻、拯救

烧掉、埋葬

推翻、拯救

这暮气沉沉这哀鸿遍野暮气沉沉哀鸿遍野苦痛的老大的苦痛的老大的中国!

【中间似有人高呼

看啊,这老大的中国!涅槃啦!中国!

【火光弥漫整个舞台,渐渐熄灭,最后凝成一束光,王光祈在打字机前敲打发报,打字的声音越来越快,王光祈情难自抑,语音速度也越来越快,激情喷涌

独唱、多人轮唱、重唱、合唱《少年中国》

王光祈:冲决历史之罗网,
　　　　转移末世之风气。
　　　　振作精神,
　　　　以我一腔之热血,
　　　　焕发民族之青春!

【王光祈索性站起身来,对着茫茫暗夜,疾呼
　　王光祈:建我少年中国!
【周围呼应声起,人群涌动,先是私语,接着越来越大,汇合整齐
　　合　唱:少年中国、少年中国、少年中国……少年中国!
【光渐起,至大亮,青年王光祈对未来中国的构想、期望,多人渐次补充成形
　　王光祈:首之以奋斗,继之以实践,
　　　　　　持之以坚忍,终之以俭朴。
　　幕后合唱:进步,不再保守;
　　　　　　创造,不是因袭!
　　曾　琦:溯敦厚之风,怀改革之志
　　蔡元培:不为无意义之牺牲,作有目的之奋斗

幕后合唱：进步，不再保守；

　　　　　　　创造，不是因袭！

【李大钊、蔡元培等人居前，追随的青年不断加入

　　李大钊：创造新生的世界，焕发蓬勃的力量。

　　蔡元培：秉持科学的精神，从事社会的活动。

　　幕后合唱：新生的世界，蓬勃的力量，

　　　　　　　科学的精神，社会的活动。

　　幕后合唱：创造少年中国！

　　　　　　　实现少年中国！

【李大钊、蔡元培、李劼人、曾琦等人互引同志，青年的队伍不断加入，王光祈等发扬蹈厉，神采飞扬，辩论演说。（此处有意采用顶真手法，绵绵不绝，表现大家新构想时思维活跃，激情飞扬）

　　　　　　　轮唱、合唱《少年中国学会》

　　王光祈：要快速解决中国面临的问题

　　曾　琦：改革，改革！社会改革！

　　蔡元培：要社会改革，先做好新文化建设

　　王光祈：建设新文化，要有思想和理性

　　李大钊：有思想、有理性，方有未来之青春中国

　　王光祈：要有青春之中国

　　　　　　那就先培育中国少年

曾　琦：设立科目，努力学习
　　　　振作精神，研究学术
李劼人：我们聚合青年——
王光祈：不是以政党为目的
魏时珍：我们成长为专家
王光祈：不是为了专门的学术
曾　琦：为社会、为国家！
王光祈：我们奋斗实践——
李劼人：为学术、为民族！
王光祈：我们艰苦互助——

众：同气相求，同声相应
　　国家图强，民族复兴

　　发挥科学精神，
　　努力社会事业，
　　以满腔的热血，
　　洗污浊之乾坤，
　　愿青春之中华，
　　永葆少年之新生！

【合唱中，少年中国学会成立，一帮年轻人正好涌了上来，团聚在李大钊、王光祈等周围

轮唱、合唱《刊物》

　　王光祈：大钊先生，看看我们的会员：

　　　　　　青年！

　　　　　　纯洁的青年！

　　　　　　纯洁上进的青年！

　　　　　　纯洁上进为国家为社会努力奋斗的青年！

　　李大钊：好！好极！

【恽代英等顺势自报家门，少年中国学会会员的名字像光斑纷纷落下

　　李大钊：这几位我认识，毛泽东、恽代英、邓中夏，

　　　　　　哦，张闻天也在这里。

　　青年甲：大钊先生，我是高君宇！

　　青年乙：我，赵世炎！

　　青年丙、丁：（此起彼伏）杨亮工、左舜生、周佛海、

　　　　　　卢作孚、朱自清、宗白华、田汉……方东

　　　　　　美、康白情……

　　李大钊：好！国之精英，青春满目！

　　　　　　（转向王光祈）生力军有了，下一步，要加强

　　　　　　宣传：

　　　　　　教育和新闻出版，一个都不能落下！

　　王光祈：《少年中国》就是我们宣传的阵地。

　　李劼人：《少年中国》与《新青年》《新潮》三足鼎立，

　　　　　　现已风靡全国！

宗白华：听说庄士敦给溥仪的教材，就有咱们的《少年中国》！

王光祈：那就再来个《少年世界》，

劼人，配合《每周评论》，成都再办个《星期日》周刊！

李大钊：好办法！

就是要让新思想通达全国，不放过每一个角落！

曾　琦：大家立即行动，

组稿、编辑、排版、印刷……

【曾琦率众人分头各处，青年们阅读书籍、报刊，与王光祈等讨论、问答、论辩。光柱起落，形如诸子百家，但始终以王光祈为核心，犹如记者招待会一样

多人轮唱、重唱《读者问答》

青年甲："少年中国"的少年，应当怎样开始生活？

王光祈：创造生活，了解社会。

青年甲：创造什么样的生活？

王光祈：精神的，物质的，

精神物质并重的科学的生活！

众　合：（回味）创造的、社会的、科学的……

创造的、社会的、科学的……

青年乙：何为科学的生活？

王光祈：学术上进步，精神上快活！

青年乙：具体该怎么做？

王光祈：从事教育、出版、新闻，

　　　　了解世界，也让世界了解我们。

曾　琦：我们是中国青年，要汇入青年的国际。

众　合：（思考、回味）青年的国际？

　　　　　　　　青年的国际……

曾　琦：了解世界，方能胸怀天下；

　　　　学习欧美，才能增长智识，更有的放矢地爱国。

男高独唱《我理想的少年中国》

王光祈：我理想的少年中国

　　　　不是高高在上的清流名士

　　　　不是低头苦干的劳工群体

　　　　我理想的少年中国

　　　　是物质和精神的统一

　　　　是理想与生活的灵肉一致

　　　　坚忍、俭朴

　　　　有劳动，有村落

　　　　奋斗、实践

　　　　有读书，有探索

　　　　　放眼欧美东洋，心怀家国政治天下

　　　　　我与世界同凉热

众　合：我们在前行中探索，

　　　　新的思想知识和才力

　　　　需要努力学习及时传播。

　　　　坚忍俭朴、奋斗实践，

　　　　为我们新的生活！

【在与青年的问答来往中，王光祈英声朗润、展望理想，有青年还是提出很多困惑和质疑

多人轮唱、对唱《青年的悲剧》

青年甲：不是每个人，都能走出大家庭的漩涡

　　　　有不少青年，好不容易冲破罗网，结果再次沦落

青年乙：不满现状，却又无力行动

　　　　脱离家庭，却又无法养活自己

青年丙：不满，迷惘，徘徊，感伤

　　　　这是青年们的普遍现象

王光祈：不满足于现状，那就力行改变！

青年甲：如何改变？！

　　　　理想可以高悬，

　　　　但首先需要金钱，需要存活

王光祈：不要畏惧物质的艰苦

　　　　　　炼就坚忍的意志

　　　　　　习惯俭朴的生活

　　　　　　只要生命存在，理想就会发光

　　青年乙：物质是存在的必须！

　　　　　　假如存活都是问题，还谈什么理想？！

　　青年甲：存活！存活！我们首先要存活！

【青年们越说越激动，王光祈语结，陷入深思

　　王光祈：这的确是个问题……

　　　　　　是必须解决的前提……

　　幕后合唱：多么令人痛惜，

　　　　　　　好不容易冲破罗网，

　　　　　　　一转身又陷进陈暗的泥潭里。

【李大钊、胡适等上

　　青年丁：还有更为可恶

　　　　　　学了几年新学，为的是回来找个官位坐坐

　　青年丙：蓄妓、纳妾、鸦片、赌博，

　　　　　　一样不少，鱼肉乡邻，作威作恶……

　　王光祈：（徘徊、思考）这的确是个问题

　　　　　　　　　　是必须解决的前提……

　　幕后合唱：多么令人痛惜，

　　　　　　　平时高谈理想、主义，

　　　　　一出校门，又回到了染缸里。

王光祈：（突然爆发般）不行！青年——
　　　　还是要走出来！
　　　　勇敢地走出来！

李大钊：光祈，
　　　　走出来容易
　　　　问题在于如何让他们走下去！

众　合：（也思索，也迷惑，探求般，轻声）
　　　　走出来，怎么走下去？
　　　　走出来，怎么走下去？
　　　　走出来，怎么走下去？

【王光祈徘徊，思索，思考解决路径，思路从模糊到渐渐明确

独唱、合唱《我们不是一个人在努力》

王光祈：（思索，似有亮光，但不明晰）
　　　　我们不是一个人在努力……
高亢女声（若膺）：不是一个人在努力？
王光祈：坚忍、独立
　　　　我们聚木成林

高亢女声（若膺）：（问询）林在哪里？

王光祈：奋斗、实践

我们抱薪续火

高亢女声（若膺）：（悲愤）火在哪里？

王光祈：（更加明确）

我们不是一个人在努力！

幕后众合：我们不是一个人在努力！

我们不是一个人在努力！

……

【悲怆、高亢的女声越来越近，声音急切、悲愤

高亢女声（若膺）：林在哪里？！

火在哪里？！

【紧接着若膺匆匆上，掩饰不住的悲哀

多人轮唱、对唱《李超之死》

若　膺：先生，先生，李超死了！

李大钊：女高师的那个李超？

胡　适：那个被兄嫂逼婚的李超？

蔡元培：那个跑出广西，依旧受家族钳制的李超？

若　膺：（悲诉）就是那个李超！

就是那个李超！

　　　　　那个父母早逝，被家族压榨的李超

　　　　　那个跑出广西，依旧被兄嫂钳制的李超

　　　　　那个清瘦的、体弱的、孤僻的、寡言的、贫穷的

　　　　　冷落寂寞苦苦挣扎的李超！

　　王光祈：又一个敢于奋斗却又无法坚持的女子！

【若膺看了看王光祈，激动地辩解

　　若　膺：你怎么知道她没有坚持！

　　　　　她熟读经史，开办女子国文专修馆；

　　　　　她不甘寂灭，独行千里追求新学。

　　　　　她为了学费四处筹措；

　　　　　她为了自由与兄嫂口舌消磨。

　　　　　她努力过、抗争过，她奋斗过，

　　　　　她抑郁、困顿，她沉默，坚持……

　　　　　可这世界

　　　　　还是无法让她存活！

　　王光祈：（凛然）高压的家庭，贫穷的处境，

　　　　　看不见前途的苦斗……

　　胡　适：她家财万贯，可继承权被剥夺；

　　　　　她青春活力，却为礼教所迫日渐萧索！

　　李大钊：悲哉！我中国！

　　蔡元培：近日青年，死亡太多！

　　　　　因求学艰难而死，因家庭问题而死的，

　　　　　因为婚姻而死，因自由不得而死……

李大钊：近日青年，死亡太多！
前有四烈士，后有陈天华、杨笃生
五四郭钦光，为国纾难。
林德扬，推行国货，失望向沉没
一步一步地奋斗，一点一点地绝望
失败、苦痛，终至筋疲力尽，毁灭自己。
悲哉！我中国！

王光祈：自杀者，必至诚之人，然亦必志行薄弱之民！
为逞一时英雄快意，抛掷不只属于一人的生命。
有无望自杀的决然，怎就没有冗然奋进的勇力？
若　膺：奋进需要方向、需要勇力，更需要有人同行！
　　　　　　　众（幕后）：抱薪续火、聚木成林。
　　　　　　　　　　　　　抱薪续火、聚木成林。
　　　　　　　　　　　　　……

若　膺：有这样一些女性
她们好不容易逃出大家庭，又迷失在新天地
刚摆脱包办的婚姻，又掉进新的陷阱里
她们抗争、辗转，争取尊严和独立
性别的弱势和依附的惯性
结果陷进比原来更黑的泥潭里
王光祈：家庭虽险恶，但社会，有时比家庭更险恶！
若　膺：这的确不只是家庭的问题，

但家庭就是社会的缩影。

易卜生的娜拉出走很容易

但易卜生的娜拉到底能去哪里?!

【王光祈看若膺,饶有兴趣,追问

对唱、重唱《新家庭》

王光祈:她可以找一个志同道合的同行!

若　膺:然后为人母、为人妻,

　　　　一日三餐川流不息?

王光祈:这有什么不合理?

若　膺:这与旧的家庭有何异?

王光祈:至少与心爱的人一起努力

若　膺:谁能保证不会中道分离?

王光祈:那就坚忍向前,勇敢独行

若　膺:女性难得能如此坚毅

王光祈:与心爱的人在一起,娜拉逃不出宿命

　　　　独立前行,娜拉又缺少勇气

王光祈、若膺:娜拉,娜拉——该去哪里?

若　膺:这是一个没有答案的谜

王光祈:娜拉反抗的意义在哪里?

若　膺:她只活在出走的瞬间里!

蔡元培：（插入，笑）这个娜拉是自相矛盾的

胡　适：她向往爱情，又惧怕婚姻

王光祈：你是中国的娜拉？

若　膺：你并不是中国的海尔默

王光祈：我欣赏娜拉，

若　膺：但我不会成为娜拉！

王光祈：那你是谁？

若　膺：（调皮，边说边下）世界在变化！

【若膺下，王光祈若有所思，冲着背影，大声

王光祈：你不是一个人在努力！

【幕后合唱又起

合：（幕后）你不是一个人在努力——

你不是一个人在努力……

【曾琦、魏时珍和着一帮青年，匆匆上

青年甲：先生，我们得想个法子，李超不能白死！

曾　琦：一定要把这社会的恶瘤给剜出来！

胡　适：这不只是女性的悲剧

这是青年共通的悲剧

这是家庭的悲剧，

这是社会的悲剧！

多人轮唱、对唱《救治青年》

魏时珍：得有可行的办法，不做那纸上的空谈！

众（幕后）：聚木成林、抱薪续火。

　　　　　聚木成林，抱薪续火。

王光祈：我们来建一个组织，

　　　　专门支持青年奋斗：

　　　　一边读书，一边学习，

　　　　自由恋爱，共同奋进

　　　　抛开那腐朽的家庭

　　　　把那旧的婚姻丢弃

魏时珍：说得容易，拿什么来衣食住行？

王光祈：岂曰无衣，与子同袍

　　　　我们工读互助，团结在一起

　　　　埋着头儿，大着胆儿，

　　　　向着新生活迈进

　　　　怕什么衣食住行

曾　琦：要做就做彻底！

　　　　这就找场地，租房子——

　　　　对了！费用在哪里？

【一帮青年开始忙活开来，陈独秀胡子拉碴地上，随手把镣铐一扔，走了过来

陈独秀：谁缺钱？我刚从狱中出来，这还有三十大洋！

（众人惊喜地看着陈独秀，纷纷拥抱、致意）

胡　　适：我出两百元

蔡元培：我也两百！

王光祈：我捐一百元。

李大钊：光祈，你那点辛苦的稿费，

　　　　连自己生活都成问题，

　　　　一百元可不是个小数目

王光祈：早晨一粥一菜

　　　　午餐晚餐大饼各一

　　　　在号称昂贵的北京

　　　　一月两块大洋，我生活尚有余力

　　　　这一百元，每月十元，分十月总能凑齐。

胡　　适：听说有次你意外收入二十元，

　　　　本当奉献给红颜知己

　　　　却一咬牙，买了全年的外交杂志

王光祈：（微窘）哪有什么红颜知己……

　　　　我在温江，有妻子……

【后区微光，次玛张望，温江主题旋律起

陈独秀：……包办的？

王光祈：也不全是……她进过新学，办过女子学堂……

陈独秀：哦，新女性！

王光祈：也不算……她幼入私塾，恪守传统，美德一样不少……

胡　　适：光祈你赚了，新旧一体

【众哄笑。王光祈大窘，蔡元培圆场

蔡元培：光祈实为青年翘楚

　　　　　出温江、到成都；过夔门，抵京沪

　　　　　倘若不是奋斗实践、坚忍俭朴

　　　　　哪走得出这少年中国学会

　　　　　哪组织得来这工读互助？

【王光祈一洗刚才窘态，顿时神采飞扬

多人轮唱、对唱《菜园构想》

王光祈：打得粗、吃得苦

　　　　生存理想两不误

　　　　彼此鼓劲、一起奋斗

　　　　我们青年就得自己救自己

【大家颇为感动，憧憬地

　众　合：聚集微光

　　　　　辉耀河汉

　　　　　神圣的生活

　　　　　即将登场——

【温江旋律扬起，转明晰，次玛的声音幕后隐约传来

男女声二重唱《京华的风》

次　玙：润玙，

　　　　京华的风物，还繁盛么？

【王光祈描述他理想中的社团经济，光线过渡，梦幻与真实交织

王光祈：我们生活的地方，

　　　　就在不远的乡下

　　　　是一个菜园

　　　　风儿清扬……

【温江，次玙清晰出现，与王光祈形成时空穿插交叠

次　玙：润玙，

　　　　京华的风，是否还吹面微寒

　　　　田湾里，可也听闻虫儿低唱

王光祈：就在不远的乡下

　　　　竹篱青瓦，柳树成行

　　　　虫儿低吟，蛙声鸣唱

次　玙：这夜里的风，还是有点微凉

　　　　小花缀在田埂上，星星在院坝上闪光

王光祈：小花缀在田埂上，就像梦想在开放

　　　　星星在夜里闪亮，神圣的生活就在前方

次　玙：小荷尖尖，冒出了荷塘

　　　　我还记着你离开时的模样

　　　　恍若一直就在身旁

　　　　　只是没了，长夜苦读的灯光

　王光祈：有小溪，有荷塘

　　　　　厨房飘来饭菜香

　　　　　有灯光，有球场

　　　　　读书耕种、翻译畅谈

　次　玙：娘的坟头，

　　　　　墓草黄了又青，青了又黄

　　　　　润玙，

　　　　　这京华的风，是否还吹面微寒

【若膺的声音传来，华美浏亮

　若　膺：若愚——

　　　　　这京华的风，着实令人心神骀荡

　　　　　女子互助组，热闹又繁忙

　　　　　快来啊，快来看一看！

【暗场

【第一幕结束】

第二幕　工读互助

【工读互助的场景，王光祈、魏时珍、若膺等在其间，巡视、劳动、读书、讨论，整个场面很热闹、穿梭，应接不暇。在生机蓬勃的工读中，隐伏着成员的质疑、矛盾以及各自打

算,并渐渐浮出水面

歌队问答,独唱、轮唱 重唱、混声合唱《菜园理想》
（说明：女声合唱偏向浪漫、愉悦、憧憬；
男声合唱浑厚、低沉,有思辨、质疑）

女声合唱：这里有个菜园子
　　　　　小楼建在园中央
　　　　　书内书外,知晓天下
　　　　　楼上楼下,传播曙光

若　厣：书房安放理想
　　　　这里是梦想起步的地方
　　　　我们编译,我们阅读
　　　　我们畅谈,我们游戏
　　　　还有爱情,爱情——
　　　　在浩瀚的苍穹闪光

　　　　　　　　　　男声合唱：这里是桃花源
　　　　　　　　　　　　　　　我们是新青年
女声合唱：楼下起居和就餐
　　　　　我们蓄积力量的后方
　　　　　飘香的厨房在西北角上
　　　　　旁边还有一个球场

若 膺：园旁有小溪

    溪边柳树和竹篱

    一畦春韭，瓜香十里

    读书耕种，收获四季……

    也收获了……爱情

         男声合唱：这里是菜园子

             我们是互助团

王光祈：户外种菜，锻炼身体，

    读书交流，寻求真理。

        歌队问：为什么是种菜？

  某人答：种菜易学习，成熟周期短，很快变收益。

        歌队问：为什么要读书？

  某人答：读书求真理，充实思想，终身受益。

魏时珍：翻译印刷，传播新知，

    我们为革新旧思想努力。

        歌队问：为什么要翻译？

  某人答：介绍先进文明，为改造旧社会尽力。

        歌队问：为什么要办印刷厂？

  某人答：生产赚取红利，解决生存问题，我们

     要学会经济自给。

王光祈：再设一个平民学校，

    工读互助，专门培养农家子弟！

幕　后：青年与农民一起，改造中国是容易的！

歌队合唱：身体是强壮的，
　　　　　头脑是清楚的，
　　　　　思想是纯洁的，
　　　　　改造中国是容易的！

　　　　　身体是强壮的，
　　　　　头脑是清楚的，
　　　　　思想是纯洁的，
　　　　　改造中国是容易的！
　　　　　是容易的……

（此段重复，歌声渐渐退为背景，消失。突出其空想实质）

（群体中有人质疑，高亢声音）：劳动是什么？难道就只为了舒展肢体？
　　　　　经费在哪里？社团的收入怎么管理？

歌队合唱：我们做工，我们生产；
　　　　　有饭同吃，有衣同穿；
　　　　　一起读书，共同进步；
　　　　　改造社会，尚需努力！

　　　　　　　　（远处歌声响起，古朴、辽远）

　　　　　　　　　　　日出而作，日入而息。

　　　　　　　　　　　凿井而饮，耕田而食。

　　　　　　　　　　　帝力——于我何有哉！

【李大钊等四处巡视，从人群中出

　　李大钊：光祈这个"菜园新村"，比桃花源进步！

　　蔡元培：劳动、读书、娱乐一体，

　　　　　　比起法国的勤工助学，更重视精神塑造、知识

　　　　　　引领。

　　陈独秀：工作分配，劳动负荷，

　　　　　　全凭道德人心

　　　　　　不过，这道德人心嘛——最是不足凭！

　　李大钊：他们需要尝试，需要鼓励，才能发现问题。

　　胡　适：基础管理、分配结构都有问题

　　　　　　铁轨未建，火车头先行，

　　　　　　这尝试，恐怕活在一个非凡的想象里。

　　李大钊：有时候失败，会更快地向成功推进。

【众人有不同看法，七嘴八舌议论，终被社员的嘈杂吵闹所掩盖

　　女青1：我会织布

　　女青2：我在缝衣

　　女青3：我织袜，我绣花

　　女　合：（小声）这都是我们以前常做的小手艺

【几个卖国货、卖报纸的青年从台上走过

　　男青3：我补习英文，兼顾印刷、装订，忙碌充实。

男青1：我给大伙洗衣服，每次两三个铜板，总是有的。

男青2：我送报纸，走街串巷，顺便介绍欧美民主思想。

男青3：我兜售产品，宣传国货，重蹈林德杨的失望和无力

合：（小声）这收效实在很低，很低……

　　　　有点浪费时间、消耗精力！

【三人各顾左右，小声议论

甲：洗衣种地，以前都是我家佣人做的

　　这些劳作，有点低级

乙：走街串巷，收入微粒

　　买我们的产品，除了爱国就只剩怜悯

丙：有些女性，社会交往穿梭不停

　　不过……活跃气氛，也算有点……有点意义

甲乙丙：这神圣生活……

　　　　这神圣生活……

　　　　这神圣生活……

　　　　　　　幕后合：神圣生活，总有点不如意

　　　　　　　　　　　理想现实，总存在些距离

【王光祈等人边议边走了过来

王光祈：慕韩，上海那边，工读互助开展得如何？

曾　琦：不太好，青年之间，各有算计

　　　　旧婚姻、新家庭，

　　　　高悬的理想和眼前的利益

　　　　纠缠盘结，这试验有点存续无凭

　　　　还有国货，也是个鸡肋……

【同步，一些民族商家和青年学生从众人前穿过

  商家1：我想支持国货，可卖不出的产品正在堆积

  商家2：原始的手工，怎么比得上洋货的精美细腻

  商家3：支持国货只是初心，销售洋货才是时髦又获利

  商家123：我们是商人，爱国的商人

      但无利可图，何以为继？

          （幕后）合：我们不是陶渊明

             这里不是桃花源

  魏时珍：收益的多少和周转是个问题

      技能更新的速度也会影响士气

  王光祈：现在急需解决的

      是入不敷出，朝不保夕

  曾 琦：聚合人心

      也是不容小觑的问题……

【三五个互助组青年走上前来，王光祈等复为人群所淹没

  众人合唱：我们抛弃了家庭，追求光明

      我们渴求新知，却处处为生存所逼

      我们窘迫、我们伶仃

      这样的劳动，还停留在原始的水平

      没有技术含量，没有打败洋货的契机

      没有稳定的收入，没有支撑理想的力气

          （幕后）独唱：矛盾，正在升起

             我们的田园，开始分崩离析

【陆续有青年男女从台上走过,三五成群,更多地议论起来

多人轮唱、合唱《一张船票就可以》

  甲:我自己劳动所得,为什么要上交集体
  乙:建立自己的小家庭,我们也可以自足自给
  丙:法国的勤工俭学,听说比这更高级
【汽笛声、车声起,场上的青年们开始陆陆续续收拾工具、行李,四处张望,也彼此观望
  更多的人:走吧,走出去,正好摆脱家庭
      我不要回到那压抑的宅第
      走吧,走出去,寻找自新的爱情
      我不要见那低眉顺眼小脚的妻
      走出去,去看看西方的文明
      走出去,学习技术,走向先进
      走出去,要改变中国,首先改变自己

      走吧,走出去!
      五大洲,六大洋,一张船票就可以!
      一张船票就可以!
      一张船票就可以!
      一张船票就可以!

【汽笛声、车马声四起，提着行李箱的青年们四处打探、观望，奔走，定格

【王光祈居于人群中，有点茫然、感伤，若膺兴冲冲上

  若 膺：若愚，我们也走吧

    一起去领略欧风美雨！

       多重唱《我们一起走吧》

【高台上，毛泽东的声音远远传来

  毛泽东：若愚，上海互助社，今日解散了。

【另有声音各处传来，此起彼伏、重叠、绵延

  幕 后：沪滨互助团，即日自行解散

    南京互助团，解散……

    天津互助团……

    武昌……广州……扬州……

【王光祈极为落寞、萧索

  若 膺：（对光祈）走吧，咱们走出国门去！

【李大钊等从四处走来，毛泽东始终在远处高台，只闻其声

  曾 琦：光祈……

  王光祈：这实践，如今只剩一腔热情

  毛泽东：中国，或许，还需从最基础的农民做起。

  若 膺：（对光祈）走吧，咱们走出国门去！

  李大钊：相对中国，俄国的革命比法国更具有借鉴意义

王光祈：不以政党为目的，这是少中一贯的坚持

曾　琦：为国家，为社会，这也是政党的目的

王光祈：一入政党，腐败、分争、打击……

如何保证国家民族社会的利益？

毛泽东：其实欧美的先进，哪个不是政党领导的？

（王光祈愕然）

若　膺：（对光祈）走吧，走出国门去

李大钊：去吧，去更深刻地体察、学习！

王光祈：（对远处毛泽东）润之，一起走吧。

学习政治法律，或者工程技术，从头做起！

毛泽东：我决定留下来！

王光祈：不去法国了？

毛泽东：不，我留下来！

琢磨她、解剖她，改造她！

若　膺：（对光祈）那我们走出去！作一个传播者

毛泽东：也好，咱们来他个里应外合，总要探出一条路来！

王光祈：总会探出一条路来！

众：（握手）奋斗、实践、坚忍、俭朴！

为咱们少年中国！

【一声汽笛，落幕

【第二幕结束】

【上半场完】

幕间曲

混声合唱《去国辞》

女　合：山之崖，海之湄，
　　　　与我少年中国短别离；
　　　　短别离，长相忆。
　　　　惟我少年，奋发自立。

男　合：发挥科学精神，努力社会事业，
　　　　不依过去人物，不用已成势力，
　　　　怀满腔之热血，洗污浊之乾坤，
　　　　惟我少年，有誓共休戚。

合：山之崖，海之湄，
　　与我少年中国短别离；
　　短别离，长相忆。
　　不问收获，但问耕耘，

惟我少年，努力努力！

山之崖，海之湄，
与我少年中国短别离；
短别离，长相忆。

（反复）

下半场

第三幕:去国怀乡

【巴黎郊区,周太玄处,马车房改建,极粗陋,橡梁罅隙,半斜的窗扇,可以看到远处蓝色的天空,星光极亮

【魏时珍、王光祈等四五人风尘仆仆上,极兴奋

多人轮唱《初到巴黎》

  王光祈:太玄,太玄,快,我们要吃肉!
  魏时珍:牛肉,要炖牛肉!
【李劼人匆匆跑来
  李劼人:市场早没了,不过,找到了块肥肉,工业炼油用的,可以凑合
  王光祈:要得,总之是肉就好!
  李劼人:看我在这巴黎,给你们整火锅!

【十余人围坐,火锅热气腾腾,同学又同志,异国相聚,青春干云,更是热烈欢愉,畅谈天下,畅想未来

  王光祈:我们少中同仁,如今留学欧美,遍布各类学科:

    生物太玄,物理时珍,劫人、剑修和白华,

    政治外交,经济法律,文哲和教育……

    想我未来之中国,

    各行各业,彬彬之盛——

  周太玄:到那一天

  魏时珍:到那一天

  李劫人:到那一天

  王光祈:我少年之中国,终于灿然东方——

  周太玄:不再弱国无外交

  李劫人:不再任人欺凌

  魏时珍:不再沉闷腐朽裹足不进

  李劫人:没落礼教,换成新文明!

    老大不掉,变得激涌先进!

  王光祈:到那一天,世界将听到中国的声音

    到那一天,欧美也会向往我们的文明!

【众人且吃且议,兴会淋漓,王光祈不由长身直立,绕着诸位,向着无边的暗夜高歌

      多人轮唱、合唱《少年中国歌》

  王光祈:少年中国主人翁,

昂然独立亚洲东。
手创东方古文化，
常为人道作先锋。

李劼人：彼以耶来，我以孔对，
周太玄：彼尚强权，我讲仁义。
魏时珍：请君看将来，将来谁胜利？

众　合：少年中国主人翁，
昂然独立亚洲东。
酷爱自由与平等，
从来天下本为公。

王光祈：环顾四邻兄弟国，
多在他人压迫中。
李劼人：朝鞭夕箠，弗如犬豕，
周太玄：睹此不平，安能自已。
王光祈：且上昆仑山，高呼起起起！

众　合：睹此不平，安能自已。
且上昆仑山，高呼起起起！

【众人高歌击缶，酣畅淋漓。王光祈等随即饮尽而别，直奔德国。屏后火车隐现，铁轨声起。《迷娘曲》旋律缓缓升起，

欧洲街景

【王光祈等行走在法兰克福，街上行人多了起来，中国留学生三五成群，笑语、歌舞，音乐介入，留学生歌舞交际的场景，欢快游荡，热情恣意

【伴随着麻将声，一张麻将桌出现在中央，留学生随即分散开来，参与其间，有人善意地向王光祈发出邀请

  留学生：快来、快来，三缺一！

【王光祈愕然，转身，另一张麻将桌旋转出现在眼前

  留学生：来吧、来吧，一起发扬国粹！

【更多的麻将桌旋转出现，很多西洋面孔也出现其中

【王光祈居于其中，孤岛一般，旋转的麻将桌与舞池穿插变化，留学生三五成群，忽而笑闹聚拢，又倏地远去

【昏黄的街灯下，王光祈长身伫立，收光

【楼上光起，嗒嗒的打字声起，持续不断，越来越响，越来越繁密，争论、吵架一样

独唱，合唱与重唱《留德学生会》

  王光祈：国家危弱，方去国离乡，远涉重洋

     不意今留德诸人，虽身处欧洲，却心在百乐门

     ……

【随着打字声，别区光亮，国内外诸人出现，翻看、传阅报纸，幕后合唱若有若无，远远传来

（幕后歌队合唱）：浪费金钱是可耻的

消耗精力是可耻的

抛掷青春是可耻的

【打字声继续，王光祈的声音渐渐为同步出现的留学生及国内激动气愤的家人声音所淹没，内外一片哗然，中国的父母纷纷质疑

王光祈：诸君午时方起，夜游馆堂，（国人甲：不读书？）

出入汽车，饭后麻雀。（国人乙：搓麻将？逛妓院！）

公子派头，生活奢侈。（甲乙丙：公子派头？生活奢侈？）

甲乙丙：生活奢侈？！

（幕后歌队合唱）：浪费金钱是可耻的

消耗精力是可耻的

抛掷青春是可耻的

（同步）中国的父母：（七嘴八舌）回国！回国！

【一时群情汹涌，极为愤慨，王光祈继续声讨，幕后合唱声一直贯穿，时不时响起

（幕后歌队合唱）：浪费金钱是可耻的

消耗精力是可耻的

抛掷青春是可耻的

王光祈：留欧十年，一无所学，

倒是中国麻雀遍布欧洲！

长此以往，我老大中国，何日革新？

　　　　我少年中国，何时实现？

　　（同步）中国的父母：（七嘴八舌）回国！回国！

　　　　　　　　（幕后歌队合唱）：浪费金钱是可耻的

　　　　　　　　　　　　　　　　　消耗精力是可耻的

　　　　　　　　　　　　　　　　　抛掷青春是可耻的

【不同光区，留学生有人煽风点火，更是导致集体愤怒，一齐把矛头对准了王光祈

　　留德学生1：王光祈，柏林的花费高于法兰克福，你最
　　　　　　　好先调查清楚

　　柏林学生1：你那个标准只能叫最低生存，不是生活

　　留德学生：王光祈，你挑拨家庭关系，引发国人对我们
　　　　　　　质疑

　　留德学生2：不读书，搓麻将，逛妓院，这纯属污蔑。

　　柏林学生2：这是妒忌！妒忌我们公费留学

　　柏林学生1：这是抹黑！抹黑我们整个留德学生会

　　柏林学生2：对！这是对我们留德学生会的恶意攻击！

　　　　　　　　（幕后歌队合唱）：浪费金钱是可耻的

　　　　　　　　　　　　　　　　　消耗精力是可耻的

　　　　　　　　　　　　　　　　　抛掷青春是可耻的

　　留德学生：你要立即更正，你必须道歉，你要公开答复！

　　留德学生：这是名誉问题！

　　留德学生：这是名誉问题！

众　　合：这是名誉问题！

柏林学生1：咱们让他法庭见！

　　　　　　　（幕后歌队合唱）：浪费金钱是可耻的

　　　　　　　　　　　　　　　　消耗精力是可耻的

　　　　　　　　　　　　　　　　抛掷青春是可耻的

【收光，光祈也有点始料未及，但依旧坦然、坚持，直面后区一片影影绰绰的暗影

【光柱起落，德国律师现

德国律师：（德语）你损害了留德学生会的名誉

　　　　　　我受留德学生会委托

　　　　　　向法庭起诉

宗白华：光祈，整个留德学生会给你下战书了！

魏时珍：这次怕是犯了众怒

王光祈：这是我统计的每月开销数据

　　　　至于律师，国人向来喜欢起哄，

　　　　不过是搬出洋人来吓我

宗白华：倘若不止洋人律师，还有西式决斗，

　　　　光祈——你，不怕么？

王光祈：真理在我，

　　　　国人长于流言蜚语，煽风点火，

　　　　谁真敢挺身而出，与我赤膊相斗？

魏时珍：你打算如何应对？

王光祈：继续！辩论！斥其谬误！

宗白华：光祈，或许不是辩论，而是适当辩解

　　王光祈：辩解，未必不是妥协

【打字声

独唱《告留德学生会书》

　　王光祈：诸君骂我，我不怒，

　　　　　　诸君杀我，我不惧，

　　　　　　惟家丑外扬，

　　　　　　若借助"洋大人"，胁迫同胞

　　　　　　实为国家蒙羞，亦为留德学生会增污

【留学生会诸人看王光祈复函，相对尴尬

　　　　　　勤工俭学，为的是民族光复

　　　　　　远涉重洋，为的是革新中国

　　　　　　少年中国，何时可实现，

　　　　　　其痛苦实万倍于诸君骂我杀我。

【王光祈声音继续，魏时珍看王光祈的回复

　　魏时珍：光祈，你这哪是澄清事实：

　　　　　　笔锋犀利，言辞锐烈

　　　　　　你会招来他们的排挤和孤立

　　王光祈：从众，让人平庸

魏时珍：可实现少年中国靠的不是一个人的力气

　　王光祈：少中首先培养的是人的品性

　　　　　　是千千万万具有这样品质的人汇聚而成的群体

　　宗白华：光祈，你太固执了

　　魏时珍：他这是骄傲

　　王光祈：骄傲，有时也是一种坚持、一种独立！

　　魏时珍：你走上了一条不被多数人认同的路

　　王光祈：这条路上有你我！

（魏时珍很无奈）

　　宗白华：你走上了一条独行的路

　　王光祈：至少还有若膺。

　　王光祈：虽千万人，吾往矣！

　　　　　　虽前无一人，吾，往矣！

【光祈长身，向着暗夜走去，围堵的众留学生高墙一般，沉默、毫不避让

【王光祈向着暗夜伫立良久，留学生方默然散去，街道空无一人

【温江主题，母亲的歌，却分明是次玛的声音，隐隐约约，若有若无

女声独唱《天上的雁儿排成队》

　　次　玛：天上的雁儿排成队

　　　　　　地上的小孩拍手追

往前飞，往前飞

寻个沙滩歇一会儿

……

往前飞，往前飞

天地真宽阔……

【幕后，若膺欢快的声音传来，搅散了远处歌声

若　膺：漫长的旅行！

（一串笑声）诗人——

等等我！

【王光祈心情舒畅，快步上楼，音乐起，间杂铁轨、汽笛声，歌声起，男女声反复、交叠

男女声二重唱《我从未离开》

王光祈：奋斗、实践

坚忍，俭朴

我从未想过离开

眼底有光

心中有爱

我在等待你的到来

【王光祈室内灯亮，打字声，幕后若膺渐隐渐显，在同行的留学生中吟唱、欢快、浪漫地旋转

女　　声：青春、梦幻
　　　　　　诗歌和未来
　　　　　　生活的大门正在敞开

　　　　　　眼底有光
　　　　　　心中有爱
　　　　　　我在期盼你的到来
【歌声交叠中，光线渐转。王光祈田间采摘野花，编织花束
【铁轨声再起。火车站暗影，逐渐清晰，王光祈手持花束，快步走向站台，等待若膺的到来
【马赛车站，人来人往。王光祈看列车时刻表，等待，向着列车驶来的方向张望
【不断地响起列车进站的声音，一列列火车进站，又远去，车站里霎时人潮骚动，又霎时沉寂
【下午的阳光斜穿下来，清瘦、精神的王光祈，满怀光芒，充满期待
【一列火车进站，车窗缓缓地滑过，空间夹杂国人的声音
【隔着窗户，王光祈看见了窗后若膺的面孔从眼前闪过
【王光祈惊喜上前，跟随列车跑动
　　王光祈：若膺！
【火车停稳，王光祈赶紧举手，热烈示意
【王光祈的手臂蓦地停了下来，慢慢落下
【窗户的另一边，若膺与男子拥抱
【王光祈步步后退，来往的人群不断阻挡王光祈的视线

【人影不断从车窗与王光祈之间闪过，人影越来越稀

【站台上人越来越少，夕阳把人的影子牵得很长很长

【若膺出现在车厢出口扶梯，王光祈已隐于暗中

【若膺的高跟鞋清脆地敲击在地板上，一束野花，静静地躺在光束下

若　膺：（四望）若愚？

若　膺：（有点担心）若愚！

【屏幕后，一列火车向着相反的方向，呼啸而过

【屏后，火车绕着前后区奔驰，汽笛不停，咔哒咔哒的车轮激烈碰撞

若　膺：（撕心裂肺）若愚！

　　　　我是爱你的！

　　　　我是爱着你的！

【咔哒咔哒的车轮声在激烈碰撞

男女声二重唱《我是爱你的》

王光祈/若膺：我是爱你的！

　　　　　　我是爱你的！

王光祈：可就这样吧，就这样吧

若　膺：我是爱你的！爱着你的……

王光祈：爱情对你只是点缀

若　膺：生活并不是一潭死水

王光祈：我希望爱得纯粹

若　膺：你爱的只是纯粹的丰碑

王光祈：为了理想同行是我梦寐

若　膺：英雄的孤独不是都能学会

王光祈 / 若膺：我是爱你的

　　　　　　　我是爱你的

　　　　　　　是爱着你的

王光祈：可就这样吧，就这样吧

若　膺：我是爱你的！我是爱你的！爱着你的……

王光祈：就这样吧，就这样吧……

【列车的行驶渐趋平缓，车轮叩击铁轨的声音越来越缓慢、滞重、忧伤

【月色升起，小提琴如诉如泣

【王光祈倚着车窗，背后月光下的德国田野缓缓流过

【贝多芬的《月光曲》响起

【王光祈在阁楼上

【王光祈在石阶上

【王光祈在月下，远处的田野，池塘，树影斑驳，虫声四唱

【光影中，先前许多故人出现

　　　　　　　男女声轮唱重唱《这想念，没地儿落脚》

次　玛：润玛，你去了好远好远的地方

　　　　为了理想，你的诀别，厉烈高亢

　　　　在彼岸的国
　　　　在柳城的河

　　　　无边的时日飞梭
　　　　这想念，都没地儿落脚

王光祈：我早已不复当初的模样

　　　　爱情，理想，这些都冠冕堂皇

　　　　我们相隔的早已不是海岸
　　　　柳城的歌声只在梦里流淌

　　　　远去的时日飞梭
　　　　这世界，都没地儿落脚

多人轮唱《王光祈的困惑》

林德扬：光祈，为这理想不行，你也学我，自杀么？
王光祈：（近乎本能反应）怎会？我都不属于我……
李　超：若愚，这包办的婚姻，你也曾困惑么？

王光祈：我……不，我……

李大钊：光祈，大我小我之间，你也犹豫、选择么？

【几个中国老人在光雾中先后出现，更多的前人出现

老人1：光祈，你远涉重洋，每日面包就冷水，为的是什么？

王光祈：（迷惑）你……？

老人2：光祈，初到京华，一碗薄粥抵三餐，你坚持着什么？

王光祈：你怎知……？

老人3：你克己求学，每月仅花两元的生活费，你图的是什么！

王光祈：你是谁……你，你们，又是谁

老人4：你的祖父、父亲，或者奋斗过也失败过的前辈

王光祈：从未谋面、弃学从商的父亲？

文名远播、放浪京华的泽山先生？

还有那自杀的、沉沦的

曾经如同现在的我一样迷惘的……前辈？

你们不也舍弃了么？

舍弃了家，舍弃了国！

舍弃了曾经的青春浩气

舍弃了即将临盆的妻子

舍弃了呱呱坠地的婴儿

舍弃了被族人虐待的弱女

　　　　　舍弃了理想舍弃了——
　　　　　爱情

　　　　　人生百年，我苦斗着什么

　　　　　你看国祚凋敝，你看山河残破
　　　　　你看门庭衰落，你看世事蹉跎！
　　　　　奋斗实践，坚忍俭朴，
　　　　　我是为了什么？
　　　　　我是要做什么！

　老人1：光祈，你何曾有家？家便是国！

　老人2：光祈，你何曾有情？母亲抚我，妻子呴我，同志举我，祖国待我
　　　　　你回报谁？你放弃得了么！

　老人3：光祈，奋斗实践，坚忍俭朴，你倡导的、追寻的又是什么？

　老人4：光祈，你那为社会为民族的少年中国，就是这样自怜、自伤么？

【王光祈沉默，温江主题旋律起

　次　玛：润玛，常听你说，幼时放牛，阿母在旁轻轻歌

【母亲声音响起，王光祈忍不住出声相和，泪流满面

　母　亲：天上的雁儿排成队
　　　　　　地上的小孩拍手追

　王光祈：往前飞，往前飞

　　　　　寻个沙滩歇一会儿

　　　　　……

　　　　　往前飞，往前飞

　　　　　天地真宽阔……

母　　亲：光祈，以天下为己任，下一句接什么？

王光祈：视富贵如浮云！

母　　亲：（笑）咱们穷得叮当响了，谈何富贵？

王光祈：娘，你常说心怀天下，满目古今，何来贫穷？

（母亲笑声，渐隐，王光祈恍然、泫然）

王光祈：娘！

　　　　　……次玙？

次　　玙：润玙，可记得去国之初，你那封家书：

　　　　　竟日摩挲百炼刀，几回起舞首频搔。

王光祈：（惭愧）岂将壮志销红粉，莫遣雄心付绿醪。

次　　玙：（淡然）万里风云思猛士，一楼烟雨读离骚。

王光祈：何当投笔从戎去，不使人间叹二毛。

次　　玙：你这也算是投笔从戎、一去万里了，

　　　　　润玙，为什么，为什么现在你如此彷徨、感伤？

女声独唱《为什么你那么孤独、彷徨》

次　　玙：或许你已不复当初的模样

　　　　　转眼头上的星

已是远隔重洋

　　昨夜的梦特别感伤
　　月光映着你清瘦的脸庞
　　为什么，为什么
　　你那么孤独、彷徨

　　你说，离开故乡，
　　是为娘，为我，为我们大家寻找希望
　　那光，还在我心底流淌

　　润玛，为什么，为什么
　　你那么感伤，孤独，彷徨

【王光祈久久沉默，诸人淡去，唯有声音传来，渐远，渐消

　　父　亲：客舍浑如梦，
　　母　亲：深闺漏正长。
　　林德扬：百年一弹指，
　　李　超：千里九回肠。
　　母　亲：蟾影中天静，
　　次　玛：虫声永夜凉。
　　父　亲：西风吹白露，
　　祖　父：秋意已茫茫……

【王光祈乡情萦绕，万千苦涩一时涌起，借箫声遣怀，却不自觉吹奏的是《去国辞》的旋律

【《去国辞》再度响起,沉郁低回

  (幕后,合):山之崖,海之湄,与我少年中国短别离;

      短别离,长相忆。

      愿我青春之中华,永无老大之一日,

      惟我少年,努力努力!

【远处清晰的音乐声传来,古典吉他声由远而近,一对对青年男女旋转而出,草地上的舞会开始
【欢快、热烈的气氛慢慢感染了王光祈,开始专注起来
【一德国姑娘拉小提琴出,琴声优美,如泣如诉
【一德国小伙子复以古典吉他出,边弹边唱,姑娘随后又加入,不同年龄层次的男女,歌舞弹唱

《迷娘曲》

  德国男:你知道吗,那柠檬花开的地方,

      茂密的绿叶中,橙子金黄,

      蓝天上送来宜人的和风,

      桃金娘静立,月桂梢头高展,

      你可知道那地方?

      前往,前往,

      我愿跟随你,爱人啊,随你前往!

  女:你可知道那所房子,圆柱成行,

　　　　厅堂辉煌，居室宽敞明亮，

　　　　大理石立像凝望着我：

　　　　人们把你怎么了，可怜的姑娘？

　　　　你可知道那所房子？

　　　　前往，前往，

　　　　我愿跟随你，恩人啊，随你前往！

　（众人加入，重复一二节，然后完成整个歌曲，借助合唱营造氛围高潮）

　　众　合：你知道吗，那云径和山冈？

　　　　　　驴儿在雾中觅路前进，

　　　　　　岩洞里有古老龙种的行藏，

　　　　　　危崖欲坠，瀑布奔忙，

　　　　　　你可知道那座山冈？

　　　　　　前往，前往，

　　　　　　我愿跟随你，父亲啊，随你前往！

【王光祈为之深深沉醉，众人注意到了王光祈的存在，德国姑娘好奇地看着王光祈

　　德国姑娘：（打量，德语）日本人？

　　王光祈：不，我是中国人！

　　德国姑娘：（打量了一圈，不解）你的辫子呢？

【黑场

【《去国辞》旋律再起，慢、滞重、忧伤

　　　（幕后，合）：山之崖，海之湄，与我少年中国短别离；

> 短别离，长相忆。
> 愿我青春之中华，永无老大之一日，
> 惟我少年，努力努力！

【魏时珍拿着本书上，兴奋地
　　魏时珍：光祈，快来——
【王光祈翻书，魏时珍用德语读，王光祈同步中文翻译

多人轮唱《来自中国的歌》

　　魏时珍／王光祈：（德语／中文）桃之夭夭，灼灼其华。
　　　　　　　　　　　　　　　　之子于归，宜其室家。
【王光祈越翻越快，直接读了起来
　　王光祈：关关雎鸠，在河之洲……
　　　　　　泛彼柏舟，在彼中河……
【宗白华拿着报纸上
　　宗白华：……天行健，君子自强不息
【魏时珍接过报纸，其余人也凑了过来
　　魏时珍：（德语）这些中国古歌，
　　　　　　　　　比基督更能催人奋进。
　　　　　　　　　我们还在野蛮时代，
　　　　　　　　　中国歌曲已如此美丽。

　　王光祈：（接过）欲培养德人之性情，需诵读中国之古诗

　　　　　欲挽救战败之德国，需研习东方之哲理。

宗白华：（喜形于色）痛快！真是一洗心中之闷气，痛快！
王光祈：也不尽然，德人自谦而已
宗白华：难得有人抬举我老大中国
　　　　光祈，你忘记前两日的辫子之耻了
　　　　还长他人志气

多人轮唱《关于音乐》

王光祈：辫子之耻固然痛入骨髓
　　　　然迷娘曲之美更是涤荡心扉
　　　　德国虽然战败
　　　　可德人日常生活浸润于音乐，自信乐观、生动蓬勃
　　　　反观我们……
魏时珍：（思考，有同感）我们国人的生活常态，
　　　　素来沉闷克制、悲观苦涩
　　　　音乐与生活何其遥远！
宗白华：哪如这莱茵河畔，到处都流淌着音符
王光祈：近年来更是一味重视科学救国，忽略了情感教育
魏时珍：但中国的音乐，似有天生不足
　　　　前日中西联谊，国人竟无一敢出节目

　　　　　　万般无奈,最后硬着头皮唱出

　　　　　　"小东人闯下了滔天大祸,好一似烈火把油泼"

　　　　　　……

宗白华:咦,光祈,怎么近日来对音乐如此痴迷?

王光祈:音乐,近则舒张情绪,远则重铸民族之魂

魏时珍:现今中国音乐,东西杂糅,古今无体,

　　　　最是不成体系,怕是没有如此伟力

王光祈:古乐可以肩负此重任

魏时珍、宗白华:古——乐?!

王光祈:我打算把中国古乐,传播海外

　　　　以我国之礼乐文明,改造世界

魏时珍、宗白华:礼——乐?!

魏时珍:你打算用复古……来改造世界?!

　　　　别忘了,实现少中,改造中国,已然遥遥无期!

王光祈:那就从改造国乐开始!

　　　　传统礼乐,这一蒙尘的珍珠

　　　　便是实现少中的基石

宗白华:光祈,看来你准备复辟了,是不是紧接着要说:

　　　　治世之音安以乐,乱世之音……

王光祈:乱世之音怨以怒,哀以思

　　　　可见正需礼乐来协调、陶养人的性灵

魏时珍:(打断)眼前是政乖民困,

　　　　人怨也、怒也!民哀也、思也!

国之存亡危乎殆哉!

哪等得及你那蒙尘的珍珠来照亮人心、怡养性灵!

王光祈:用西方的理论,研究国乐
　　　　用国乐的精神,来改变国民!
　　　　没有透亮的人心,哪来淳善的人民?
　　　　没有淳善的人民,谈何民族复兴!

魏时珍:你是在逃避!逃避家国,逃避责任,沉迷小我!
　　　　不就一个移情别恋的若膺么!

王光祈:你——!

魏时珍:(完全不顾王光祈的反应)
　　　　听起来冠冕堂皇,实则改弦更张!
　　　　当初可是要出来学政治法律经济
　　　　哪怕是学点织布炼铁的实用技术,也不算违背当年理想!

王光祈:这不是一个缺少政治家的时代,
　　　　也不乏经济,工程,技术
　　　　我们中华民族历经劫难,
　　　　依旧坚强存活,是因为什么?

　　　　礼乐!

今人以"爱国救国"相召，从事政治改革，
我则从爱我救我民族开始，从事社会改革。
社会良则政治良，民族强则国家强，
复兴礼乐、改良音乐、唤醒民族，当从光祈始！

宗白华：光祈，你别骗自己了
　　　　你是想要放弃？还是存心选择忘记？
　　　　你忘了，忘记了出国的使命
　　　　忘记了少中的初心
魏时珍：你忘记了当初指责留德学生荒废时日的正气
宗白华：忘记了直面被孤立、被排挤的勇气
魏时珍：你有动听的歌喉？
宗白华：你会娴熟地演奏？
魏时珍：还是你会创作天才的旋律？
魏时珍：（语气略缓）贝多芬、莫扎特、巴赫……
　　　　谁不是尚未成人便已名动欧陆！
　　　　你年近而立，从头学起
　　　　既无基础，又无天赋
　　　　枉废时日、一无所获，
　　　　难道这就是你要实现的少年中国？

男高音独唱《为什么我选择了音乐》

王光祈：为什么我选择了音乐

  在我最沉沦的时候

  她给了我最知己的爱

  在最孤独的海岸

  她从不更改温柔的等待

为什么我选择了音乐

她擦亮了一个民族的少年之光

她唤醒中国，将那古老仁和的美好绽放

将那麻将之声，换作笙歌雅乐

将那沉默怨恺，付与琴瑟祥和

中国不只是长辫和裹足！

比起竹简汉典，音乐更能把元气呈现

在东西之间

我将用欧美音乐科学，研究中国礼乐

在古今之间

我将发掘现代谣曲，推行新的国乐，

使吾日夜梦想之少年中国，

引领世界潮流向前

我将登昆仑之巅，吹黄钟之律，

使中国人固有之音乐血液重新沸腾

　　　　使吾日夜梦想之少年中国

　　　　灿然涌现于世人之前

【王光祈真诚、激动，魏、宗二人为之感染，但仍不免顾虑

对唱、三重唱《你选择了一条少有人行的路》

　　魏时珍：你选择了一条少有人行的路
　　王光祈：那我就先扫除蛛网，砍去荆棘，
　　　　　　留下最初的印记，让后人继续前行！
　　宗白华：你选择了一条孤独漫长的道路
　　王光祈：那我就踩出小路，引入星光
　　　　　　留下背影，直待路上行人熙熙

　　魏时珍：你选择了一条艰辛艰难的路
　　　　　　你日常用度，全靠稿费
　　　　　　政治经济，外交实务，国人自会争相阅读
　　　　　　音乐理论，恐怕无人出书
　　王光祈：我先介绍、普及常识，
　　　　　　培养国人的音乐感知能力
　　　　　　再潜心著述，
　　　　　　直到铺就中西音乐交流的通衢
　　宗白华：光祈，你选择了一条迷雾重重的路！
　　　　　　音乐，你可是没有一点点基础！

　　　　　无人交流，无可借鉴

　　　　　中西乐理更是相隔殊途。

　　魏时珍、宗白华：这一条路，少有人行

　　　　　　　　　这一条路，没有先驱！

　　　　　　　　　这一条路，艰辛、漫长、孤独，前途未卜！

　　王光祈：凡我少中会员，谁怕过艰苦！

　　周太玄：光祈、嗣銮、白华！

【周太玄的声音传过来，周太玄、李劼人随即上

　　周太玄：咱们少中学会，怕是难以继续了

【王光祈大惊，半天说不出话来

　　李劼人：海外会员风流云散，联络日疏

　　　　　国内会员党派林立，识见纷纭

　　周太玄：昔日同志，要么陌路殊途，要么久无消息

【王光祈绕室疾走，情绪激动

　　王光祈：识见纷纭，党派林立

　　　　　陌路殊途，联络日疏……

【王光祈后渐平静，提出解决方案

　　王光祈：学会以振兴民族、强盛国家为鹄的

　　　　　不同思想，大可求同存异。

　　　　　当务之急，通知各处会员，协商改组

　　魏时珍：我们要先调查了解会员思想和倾向

　　李劼人：并汇报学习和成绩，回国之打算

周太玄：再来商议确定学会发展的路径

　　王光祈：好，我们立即印制调查表

【诸人制表，发散，探问四方会员

【后区光起，毛泽东、李大钊、左舜生、曾琦、国民党代表等各居一处，三五成群，阐述、争论，俨然三足鼎立。王光祈四处奔走，每至一处，呼吁联络，然应者寥寥

重唱《20世纪的天空》

　　李大钊：俄国的十月革命值得我们学习

　　王光祈：暴力革命是国民自由生活的天敌

　　曾　琦：国民党取得了北伐的胜利，前景可期

　　王光祈：北伐不过是攻城略地，哪有什么明天可期？

　　毛泽东：与其被党派操纵，不如解散学会，以保持纯粹

　　王光祈：改造社会，民族振兴，少中焉能放弃

　　曾　琦：早先学会目的，已无法适应眼前的国家困境

　　王光祈：教育和学术，是推进人类幸福的阶梯

　　曾　琦：目前的政治，需要政党来引领、来控制分散的
　　　　　　势力

　　王光祈：生活未经改造，

　　　　　　思想未曾革新，

  空谈主义有何意义

  左倾可以愚民
  右倾也会激进
  不为政党，不谈主义，
  携手合作，齐力救治中国才是目的

【王光祈依旧还在不遗余力奔走，周太玄诸人失望回前区，看着王光祈徒然的努力

多人轮唱《少中的灵魂》

周太玄：光祈就是少中学会的灵魂，
    少中缺了光祈，就缺了灵魂
魏时珍：光祈没了少中，就了无生趣
    他这一生，恐怕全系于此了
宗白华：他从来没有放弃过
    不管是当年振臂一呼应者云集
    还是如今天地一卒荷戟独行
李劼人：他从来没有退缩过
    恍然还是那个携一卷杜诗，一个脸盆就走出四川的温江少年
魏时珍：恍然还是那个筹划少中，忙于会务，积极宣传少年中国的青年领袖

李劼人：少中学会或许就此不再

　　　　　　少中的灵魂将传递久远

　　　　　　当今国内，无论党派

　　　　　　走在行业最前列的

　　　　　　成就最瞩目的

　　　　　　何人不从少中来！

【光祈从后区暗影走来，落寞异常，众人转向光祈

　　周太玄：光祈？

　　魏时珍：光祈！

　　宗白华：光祈……

【王光祈拿着调查表，惶顾左右，剩下五人长长的暗影

　　王光祈：学会，可能真要解散了

【众皆无语，良久，魏时珍、周太玄等次第发声

　　周太玄：……我们，也要散去了

【众人渐隐，光祈独立于光柱之中

【幕后声音，越来越远

　　周太玄：光祈，我和劼人，明日回国，回四川

　　宗白华：光祈，我和时珍，定了下月的邮轮

　　魏时珍：光祈，我，也回四川

【收光

【第三幕完】

第四幕　昆仑之巅

【灯光，王光祈伏案写作；满天星斗，歌声慢慢传来，整个光雾变化中，歌声一直贯穿

女中音《天上雁儿排成队》

母亲的声音：天上雁儿排成队

　　　　　　地上小孩拍手追

　　　　　　往前飞，往前飞

　　　　　　寻个沙滩歇一会

　　　　　　……

　　　　　　往前飞，往前飞

　　　　　　天地真宽阔……

【光雾中，若干相似的王光祈在不同场景出现

【清晨，拉小提琴的王光祈，傍晚，灯光下的王光祈，匆匆夹着书本行走在街上的王光祈，讲台上的王光祈，与汉学家热烈讨论的王光祈……国内外，人们在光雾中出现，拿着书，翻阅游走，不同时空，形成合唱重唱对唱、声音起落交错

【随着声音起落，王光祈编译、著述的书名一个个打落在光雾上

轮唱、合唱《这个王光祈是谁》

国人甲：德国人从小就重视音乐教育，
　　　　难怪音乐如此发达！
国人乙：对照别国国歌，我们的"卿云歌"
　　　　古老、含糊，难懂，
　　　　这叫大家怎么爱国？
西人甲："对谱音乐"？中国人居然也懂这个？
国人丙：音学？音律……我们的国乐，也有这样的元素？
西人乙：呀！中国歌剧！……遥远的东方居然也有歌剧！
国人甲：快看，这件奇怪的乐器……

国人合唱：这个王光祈是谁？是谁？
　　　　　他让我们了解德国，了解西方
　　　　　政治经济，外交历史，还有风土人情音乐艺术
　　　　　他改变了我们封闭沉闷的日常

合：这个王光祈是谁？是谁？

王光祈们：他是一个新闻记者，
　　　　　他翻译著述，勤奋深思
　　　　　他的文字热切，他的文章热血
　　　　　他用音乐联系了世界和中国

合：这个王光祈是谁？是谁？

西人合唱：这个王光祈是谁？是谁？

王光祈们：他多年自费留德

　　　　　他坚忍俭朴，他探索音乐

　　　　　介绍东方，他推动了德国的汉学

　　　　　他让世界认识了那神秘古老的国

合：这个王光祈是谁？是谁？

王光祈们：他常在图书馆坐，

　　　　　冷水面包，昼夜星河

　　　　　严肃刻苦，他把时间当作金子般节约

合：这个王光祈是谁？是谁？

王光祈们：他话不多，高高的额头，瘦瘦的个

　　　　　比德人还严谨刻板得多

　　　　　他言必行，行必果，一点都不让人生蹉跎

合：这个王光祈是谁？是谁？

【卫礼贤和王光祈从人群中走出，中国音乐周的场景出，众

人隐于场景，诸多器乐呈现，各种古老乐器在演奏，很是热闹，同时还有瓷器、乐器、书画、服饰等中国特色物件展示，浓郁的中国氛围

多人轮唱、合唱《中国音乐周》

  卫礼贤：光祈，咱们的中国音乐周，你带来什么惊喜
  王光祈：你看这个……
  卫礼贤：七弦琴？！
【国人弹奏古琴，场面安静下来
  国 人：明月出天山，苍茫云海间。
      长风几万里，吹度玉门关。
【西人极惊叹，沉静
  王光祈：您也可以试试，这是谱子
  卫礼贤：琴谱？你把工尺谱转写成了五线谱！
【拿起小提琴，试奏，有人在其他乐器上试奏，效果均不理想
【王光祈拿起一把古典吉他
  王光祈：这个应该可以
【众人试奏，效果不错，数把吉他加入了进来，几个汉学家和王光祈一起，和着唱起琴歌
  众：明月出天山，苍茫云海间。
    长风几万里，吹度玉门关。
    汉下白登道，胡窥青海湾。
    由来征战地，不见有人还。

戍客望边色，思归多苦颜。
高楼当此夜，叹息未应闲。

卫礼贤：光祈，
我恍惚在阿尔卑斯山……
我想家了

你是一个开门的人
让我们看到了中国音乐的美

男高音独唱《我就作那开门的人》

王光祈：我就作那开门的人
中华文明宝库，粒粒皆是珍珠
她那么美，只是被裹了足
她那么悠久，只是被长辫束缚

我就作那开门的人
中华文明璀璨，也曾万国来仪
她那么美，只是被蒙了尘
她那么悠久，只是被哑了声

我就作那开门的人

　　　　　让欧美现代的风，唤醒古老的青春
　　　　　让黄钟大吕，从昆仑之巅，响彻寰宇
　　　　　文质彬彬，天下相亲

　卫礼贤：光祈，
　　　　　我在中国生活了二十年
　　　　　我热爱中国，
　　　　　他们都说我是中国人
　　　　　对了，我刚收到一样东西

【卫礼贤打开幻灯片，幻灯片上出现中国北部山川，黄河蜿蜒，壮美辽阔

【王光祈不由泪流满面，《关山月》旋律再起

【突然画面出现日本占领东三省的一串文字

　　德语报道的声音：9月18日，日本炸毁中国南满铁路

　　　　　　　　9月19日，日本进攻中国奉天城……

【王光祈无比震惊，远处低沉的歌声传来，压抑、悲愤

　　　　　　　　幕后合唱：沦亡！沦亡！

　　　　　　　　　　　　白山黑水

　　　　　　　　　　　　失去了故乡

　　　　　　　　　　　　失去了故乡

【一阵杂沓的脚步声，几个国人拿着报纸上，幕后合唱继续

　　　　　　　多人合唱、轮唱、对唱《侵略》

留学生：光祈，日本占领了我沈阳

　　　　东北三省，岌岌可危

　　　　　　　　　幕后合唱：沦亡！沦亡！

　　　　　　　　　　　　　白山黑水

　　　　　　　　　　　　　失去了故乡

　　　　　　　　　　　　　失去了故乡

王光祈：立即组织在波恩宣传，我们要争取国际同情

　　　　同时告知法国、欧美同学

　　　　告知全球少中会员，立即行动，坚决抗议

【嗒嗒的打字声中，低沉悲慨的合唱一直伴随

【王光祈带领留学生们发传单、宣讲忙碌的身影，同时搜寻与国防有关的书籍

【光线明暗交替，王光祈通宵达旦，翻译国防事务书籍

【同步，后区不同区域，国内读者翻看王光祈报刊文章、译著，讨论国防

王光祈：日本想要火速吞并，

　　　　列强想要经济共管

　　　　诸君、诸君，

　　　　我国危也！殆也！

　　　　第二次世界大战恐不可免也！

国人1：听说国民政府已诉求国联，要求讨还公理

国人2：公理？你没看王光祈的文章：

　　　　　想要公平，多为梦想

　　　　　欲求解决，唯有充实武装力量

国人3：组织御敌武装，从何做起？谈何容易？

国人4：快去看看王光祈的《空防要览》

国人1：我们要啥潜艇？除了求救他国，还能作甚？

国人2：有国无防，名存实亡！

　　　　　寄希望于他国的防空力量，更是无耻卖国！

国人1：你说谁？！

国人2：（把书一扬）呐，王光祈说的

国人5：战时税收？战时经济？都打仗了，谁还管这些玩意？

轮　唱：从御敌之武力，到国防与潜艇

　　　　　未来将才之培养，工役制度之建立

　　　　　经济战争与战争经济……

　　　　　这是一扇从未打开过的门

　　　　　这里是一个从未涉足的体系

　　　　　集欧洲经验，提供借鉴

　　　　　这一套国防丛书，解了我们燃眉之急

【一灯如豆，王光祈用手强撑着头，仍在伏案写作

　　王光祈：国运颓困，民族危急

　　　　　　强敌压境，诸君努力！

　　　　　　诸君努力！

【《去国辞》旋律再起

（幕后）：光祈，你什么时候回来？

次　　玛：（轻叹）润玙，你，什么时候回来呢？

【光转，时日交替，转眼波恩已是深秋，远处隐约小提琴声起

王光祈：次玛，距离上封信，约莫三年有余罢

法兰克福春天的舞会早已结束，眼前已是波恩的深秋，

一捆捆麦秆好看地卷起，散布在广袤的田野。

这支笔，为家，为国，为生活，

或者更准确地说，为了存活，整天忙碌，很少为你提起来过。

你是一个新女性，虽然，我曾经很想把你，装进旧的婚姻里。

家乡的麦早收割了罢，田野的风，也定然拂过你的窗台。

【大雪纷飞，冬日将尽，王光祈倚着窗，波恩的夜静谧安宁

男女声二重唱《她在你的眉尖，她在你的心上》

次　　玛：润玙，

屋后的布谷还在鸣唱

菜花已经谢了，都低了腰

　　　　　桃红樱麦老，

　　　　　今夜的柳城，星河流淌

　　　　　我说不出这光的朗照

　　　　　它在你的心底

王光祈：次玛，

　　　　　德国的春天总要晚到

　　　　　林花还是谢了，奈何匆忙

　　　　　虫声和着暮色唱，

　　　　　波恩的夜，明亮安详

　　　　　楼上的音乐流淌着月光

　　　　　它就在你的眉梢上

次　玛：你是我的月光

王光祈：你是我的故乡

王光祈／次玛：她就在你的眉尖，她在你的心上

王光祈：你是我的故国

次　玛：你是我的希望

王光祈／次玛：就在你的眉尖，她就在你的心上

【音乐继续，王光祈依旧还在伏案写作，很多少中的成员走了出来，故人渐次在光雾中出现，读信的声音，询问的声音

　　　　　　　　　多人轮唱《这是我一生的执着》

周太玄：光祈，你什么时候回来？

王光祈：要编辑完整套《国防丛书》，尚需两年时间。

　　宗白华：光祈，现在回国，入中华书局，继续你的编译事业可好？

　　王光祈：旅费正在筹措，于著述翻译，国内国外，其实已无分别。

　　魏时珍：光祈，回来吧！我们继续，为社会、为民族的事业。

　　王光祈：原计划的三十本音乐著作，现已完成过半，归期在望了！

　　李劼人：光祈，是时候回来了，回四川来！咱们再并肩！

　　王光祈：已在计划，快了！劼人，咱们要重新整理《泽山诗稿》。

　　李　璜：光祈，书局已预支薪水，权作旅费，回来按月扣除即可。

　　王光祈：这就启程，诸君等我！

　　　　　　诸君等我！……

【王光祈一开始尚撑着头，头越来越低，后来慢慢地伏在了桌上

【毛泽东的声音传来

　　毛泽东：光祈，还记得少年中国么？

　　王光祈：记得啊！怎不记得，这是我一生的执着

　　　　　　奋斗、实践……

　　毛泽东、王光祈：奋斗、实践，坚忍、俭朴

更多的声音：本科学的精神，研究真实学术

为社会的活动，创造少年中国

转移末世风气，推动民族复兴

奋斗、实践，坚忍、俭朴

奋斗、实践，坚忍、俭朴

……

【王光祈的声音越来越小，灯光越来越暗，一盏孤灯，最后消失于黑暗

【黑暗中，打字声依旧继续，并越来越大，王光祈所有著述的书名，一个一个亮了起来。这些文字越来越多，像星星一样，在暗夜浮动汇聚，形成一条璀璨的星河

【嗒嗒的打字声急促、连绵，汇成一片，渐渐为海浪声所取代

【海浪声越来越大，铺天盖地，席卷而来

【第四幕完】

终　曲

混声重唱、合唱《等着我啊，等着我》

合　唱：等着我啊，等着我
　　　　我的故乡，我的国
　　　　等着我啊，等着我
　　　　我的故乡，我的国

男　合：在那昆仑之巅
女　合：在那杨柳江旁

男　合：将那黄钟奏响
女　合：听那竹笛嘹亮

男　合：看那灿然东方
女　合：雁儿心恋故乡

合：少年中国强

少年中国强

少年中国强

合　唱：等着我啊，等着我

我的故乡，我的国

等着我啊，等着我

我的故乡，我的国

我的国

……

【剧终】

春在二〇二〇

大型交响音诗

序　　曲　交响合唱《春寒》

第一乐章　春·寒
1. 乐队与人声《寒夜》
2. 女声合唱《我们病了，城市病了》

第二乐章　春·殇
1. 重唱、合唱与乐队《来不及辞行》
2. 男中音独唱《在家，或者在路上》
3. 男女声二重唱《这个夜晚，比我想象的还要冷》

第三乐章　春·暖
1. 混声合唱《驰援》
2. 诗歌与乐队《我认不出你》
3. 领唱、合唱《中华儿女》

第四乐章　春·归
1. 女中音独唱《亮光》
2. 男中音独唱与交响乐队《春的消息》
3. 混声合唱《凝望》

尾　声

1. 乐队《生命之春》
2. 交响合唱《春满大地》

【开场白】

己亥将尽,中国大地上到处洋溢着过年的气息,

号称九省通衢的武汉,更是南来北往,人潮涌动。

一年的分离和即将团聚的喜悦,远方的憧憬和回家的温馨交织在一起。

突然,一声咳嗽,犹如那传说中的怪兽乍醒,

一阵战栗,欢乐的脚步就此停息。

春天的序曲尚未奏响,病毒的寒云却已笼罩四方⋯⋯

序 曲

交响合唱《春寒》

凝霜覆盖大地
流冰撞击着河堤

回家……
回家……

严冬还未褪尽
听不见春的消息

回家……
回家……

寒……
寒……

第一乐章　春·寒

1. 乐队与人声《寒夜》

　　1）乐队与人声
　　（说明：1与3，实际上是一个整体，分别承担两段歌词，断续相连。加入人声，但以乐队为主）
　　（表现疫情突发，城市寒夜弥漫，人们陷入一片恐慌）

　　2）乐队与人声
　　（说明：以乐队为主，在乐队中加入模拟的人声、象声词，强调音效。表现病毒袭来，人们猜测，争吵，紧张、恐慌的情绪有增无减，有人开始防范、逃跑、隔绝）

　　3）乐队与人声
　　（乐队渐渐安静下来，迷茫、惆怅的情绪进一步弥漫）

2. 女声合唱《我们病了，城市病了》

　　我们病了
　　城市病了
　　我们病了
　　城市病了

雨落了,鸟儿飞走了
花谢了,鱼儿睡着了
太阳下山星星坠落了
白天和黑夜分不出昏晓

门闭了,笑脸消失了
窗关了,歌声喑哑了
想念城里熟悉的味道
年尾和年头没了热闹

多想与你擦肩啊
多想和你拥抱
多想与你谈谈天说说笑
在街上跑跑跳跳

多想与你擦肩啊
多想和你拥抱
多想挤在一块打打跳跳
让欢乐与时间奔跑

我们病了
城市病了
我们病了

城市病了

第二乐章　春·殇

【串词一】

1月23日，武汉封城！

踏着坚冰
你叩响了封冻的门
就像亚伦，站在生死之间
身前，呼喊、呻吟、衰竭，峰峦如聚
身后，恐慌、无助、肆虐，波涛如怒

告别父母，告别妻子儿女
告别假期，告别预订好的幸福
告别，告别长发，告别成长，告别所有所有本该慢慢消磨的时光

救死扶伤，初心不忘
生命相托，力挽狂澜
走吧，将那致命的病毒送入冰冷的坟圹
走吧，放下小家，将那千家、万家的幸福捧在手心上

1. 重唱、合唱与乐队《来不及辞行》

(说明：抒写奔赴一线的医务工作者的家庭，角色有年迈的父母，医生夫妇和孩子)

  合唱队：那是己亥年的最后一天
      绵绵的小雨下了一整晚
      好像春天的脚步
      悄悄提前
      炉上茶香弥漫
      小雨渐渐沥沥数着钟点
      归来的笑语将把年味点燃

(丈夫上)
  丈 夫：那是个特别的夜
      等你回来匆匆告别
      为了前方星光不灭
      这个春节
      团圆的脚步就此停歇

(妻子从后区另一侧上)
  妻 子：那是一个安静的夜
      回家收拾行装匆匆告别
      为了万家灯火不灭
      这个春节

序曲行进得如此艰涩

合唱队：取消行程，取消假期

　　　　我们原地待命

　　　　取消行程，取消假期

　　　　我们逆流而行

（丈夫与妻子相望）

丈夫、妻子：说好了陪陪爸妈

　　　　　　答应了和你度假

　　　　　　还有那个淘气鬼啊

　　　　　　怎么，怎么告诉他

（孩子拿着玩具，上）

孩　　子：书上的故事

　　　　　才讲到姜子牙

　　　　　你说今天回家

　　　　　还会送我一个小哪吒

　　　　　昨晚的对打

　　　　　是皮卡丘和姜子牙

　　　　　今天妈妈回家

　　　　　还会送我一个小哪吒

（父母两侧上）

母　亲：刚刚的电话还没挂
　　　　她的声音有点儿沙哑
　　　　加班啦，
　　　　转身又穿上了白大褂

父　亲：刚刚的电话还没挂
　　　　他的声音有点儿沙哑
　　　　出战啦，
　　　　今晚连夜就要出发

合唱队：取消行程，取消假期
　　　　我们原地待命
　　　　取消行程，取消假期
　　　　我们逆流而行

母　亲：总是临行生变化
　　　　春节加班不回家
　　　　总是临行又生变化
　　　　盼望的团年又要落空了

孩　子：（对奶奶，也向大家）昨晚的对打
　　　　是皮卡丘和姜子牙
　　　　今天妈妈回家

　　　　　我会再多一个小哪吒

丈　夫：（向妻子过来的方向，询问）你，又主动请缨啦？

妻　子：先别告诉老人家……

丈　夫：（心疼）临危赴难，你哪次把自己给落下？

妻　子：（亲昵）这一次，就先斩后奏啦

合唱队：取消行程，取消假期

　　　　我们原地待命

　　　　取消行程，取消假期

　　　　我们逆流而行

母　亲：（埋怨）节日休假

　　　　她总先成全大家

　　　　临危赴难

　　　　她哪次把自己给落下？

父　亲：（骄傲）这就是我们医者的生涯，

　　　　救治生命

　　　　责无旁贷当然不能差！

母　亲：（生气）你——

（同步，孩子向妈妈来的方向，期待，呼唤）

孩　子：妈妈——

　　　　皮卡丘打败了姜子牙

今晚，今晚

还有你和小哪吒

我们的队伍壮大啦

母：（埋怨父亲）你怎么就不拦住她？

母：（埋怨儿子）你怎么就不拦住她！

母　亲：你不知这病毒有多可怕？

你不知道大家多恐慌？

加班，应急；应急，加班

她还管不管她娃！

她还要不要这个家！

（同步，妻子边唱边上，与大家会合）

妻　子：剪掉了长发顾不上美丽

来不及解释来不及辞行

来不及来不及一切都来不及

转身就要投入战斗里

丈夫、父亲：选择了医生就选择了这生涯

怎能为了小家把国放下

选择了她就选择了这生涯

救死扶伤、生命相托

这神圣的誓言我们怎能违背她！

父　亲：（骄傲）小家是家，大家更是家
　　　　咱奔赴战场为大家，
　　　　你听从指挥守小家！

母　亲：（惊讶，对儿子，对老伴）咱？你？你！

妻　子：（对丈夫，欣赏）你们终于并肩战斗了！

父　亲：（对老伴，略歉意，但坚决）我报名参加社区
　　　　医院啦！

丈　夫：（拉着妻子的手，父亲搂着母亲的肩）
　　　　一个战壕的兄弟，咱怎能落下！

孩　子：妈妈别走——
　　　　爷爷……
　　　　爸爸——！（哭腔）
　　　　奶奶，我怕！（哭，扑进奶奶怀里）

合唱队：剪掉了长发顾不上美丽
　　　　来不及解释来不及辞行
　　　　来不及来不及一切都来不及
　　　　我们转身投入战斗里

（对孩子）

妻　子：乖乖别怕，妈妈去打怪兽啦——
　　　　你就是那领路的天使啊
　　　　妈妈拍马出战，全身披挂

丈　　夫：你就是那领路的天使啊，

　　　　　我戴着面具穿着盔甲紧随她！

父　　亲：乖乖别怕，等你长大

　　　　　咱们也成战壕里的兄弟啦！

（孩子破涕为笑，婆孙彼此，坚定）

母　　亲：乖乖别怕。

　　　　　我们老兵残将，

　　　　　等他们平安回家

孩　　子：奶奶，

　　　　　奶奶别怕！

　　　　　我，

　　　　　就是那镇妖除魔的小哪吒！

（三人对婆孙）

亲爱的别怕，我们武装到了牙

亲爱的别怕，我们一齐攻克它

（对所有人）

亲爱的别怕，我们一齐消灭它

（婆孙对三人）

母　　亲：等你们回家

孩　　子：等我长大

母　　亲：等你们回家

孩　　子：等我长大

夫　　妻：一年的分别，储藏得太多
　　　　　回家的脚步又转向了工作
母　　子：一年的分别，储藏得太多
　　　　　美好的许诺又成空壳
父　　母：一年的分别，储藏得太多
　　　　　期盼的相聚又要错过

合唱队：剪掉了长发顾不上美丽
　　　　来不及解释来不及辞行
　　　　来不及来不及一切都来不及
　　　　我们转身投入战斗里

合唱队：归来的你寒风扑面
　　　　匆匆语别已是清宵夜半
　　　　背起行囊挥手向前
　　　　西行的列车远去如烟
　　　　白衣的天使要将黑夜点燃
　　　　选择了你，就选择了这样的誓言
　　　　绵绵的小雨细说当年
　　　　珞珈山的樱花怎会错过春天

2. 男中音独唱《在家，或者在路上》

这一夜
在家，或者在路上
闲寂的乌鸦坠在道旁
抖落一身悲怆
干涸的鱼，游不出这冬的逃亡

一个城市向着另一个城市
手电雪亮，唤醒群山
车轮卷动哨声的尾响
无脚的鸟湮灭在路上

一个路口接着一个路口
一盏灯连着另一盏灯
更改一次又一次的行程
梦见一次又一次的离分
山一样的烟尘
微茫、挣扎的生

故乡，故乡泛滥
氤氲的楼影
一晃而过的院墙
昙花一现的

云朵下，挡住的那片阳光

山涌，云涌
千军万马的夜，折叠死亡
暮歌回荡
过去所有的逃离，都在对抗

风声穿过皮囊
有一束光，照在脸上
春天会来
大地正在一点一点地生长

3. 男女声二重唱《这个夜晚，比我想象的还要冷》

（面对凶猛的疫情，封闭的空荡的城市，不断增加的被感染的人们，气氛越发凝重）

这个夜晚，比我想象的还要冷
寂寞的街上，闪烁着空洞的灯
孱弱的躯壳，拖着疲惫的灵魂

你说"平安归来"
明年的家务我全包下
你说"我爱她"
拘谨的你在人群中热泪抛洒

这个夜晚，比我想象的还要冷

沉默的鸟儿，留不住傍晚的黄昏

龇牙的死神，嘲笑人们的愚蠢

你说"等我归来"

亲爱的我要娶你回家

您说"这是刚煲好的汤"

薄薄一扇门，咫尺犹天涯

天使折断了翅膀

泪珠凝成了霜

脚步远离了故园

怎忘得了回家的方向

给我一点力量，护住这微弱的光

给我一点力量，驱逐这冬的严寒

给我一点力量，把这黑夜擦亮

给我一点力量，去迎接明天的太阳

第三乐章　春·暖

【串词二】

1月24日，除夕，北京医疗队、上海医疗队出征

1月25日,大年初一,四川医疗队、山东医疗队出征
紧接着,浙江、湖南、江苏、河北、陕西……
一万一、两万、三万、四万……四万两千!
这九百六十万平方公里,346支队伍,奔赴武汉!

这是雄鹰在逆风飞翔!

他们是鹰
是与万千的逃离、痛苦、绝望昂然对抗的鹰

他们是火
是要温暖这冷寂城市的燃烧的灯火
他们是星
是要照亮这寂寂夜空的漫射的星光

他们是麦芒,熔铸成宝剑
要斩断这狂嚣的恶浪
他们是微尘,汇聚成星云
要力挽这蓬勃的生命

1. 混声合唱《驰援》

把行装悄悄打点

转身又到了前线

今夜的武汉

麦芒能拧成宝剑

把行装悄悄打点

转身又到了前线

今夜的武汉

溪流汇聚成大海

一个航班，几十个航班

人间大爱全在里面

药品物资，医务人员

千里万里我们肩并肩

一份外卖，上百吨蔬菜

火神山的工地星夜不眠

一个眼神，一声问候

心与心的距离没有疏远

我们必须跑得更快

才能跑赢时间

生命的呼唤正在遥远

江河岁月，同根相连

我们必须跑得更快

才能跑赢时间

死神的战场没有界限

山川异域，风月同天

2. 诗歌与乐队《我认不出你》

我认不出你

却能听出你的声音

细细的，有点稚嫩

感觉还带点儿学生气

我认不出你

却能辨出你的眼睛

亮亮的，那么年轻

有时有眼泪，或许是雾气

我认不出你

却能辨出你的身影

有点蹒跚，有点瘸

那拐棍，支撑着你半个身体

我认不出你啊

但我们都记得

那北上的餐车

那个出征的大年夜

那一趟趟专列

那传递到武汉的热血

我们都记得

你是一个好医生

却不见得是一个尽责的父亲、丈夫，或者儿子

你是一个好医生

却不见得是一个合格的母亲、女儿，或者媳妇

哪怕只是听他们说说话，或者陪他们安心地坐会儿

哪怕只是给他们一个不再等待、不再缺席的团圆的春节

你的脚步，其实有点倾斜

你的声音，还是有点哽咽

你的身体，正在一点一点地冻结

可一丝儿都不影响你内心的热烈

还有你——火神山的工人们

还有你——城市的清洁者

还有你——我们的战士、我们的警察、我们的快递小哥

还有你——彷徨在外、隔离在家的武汉人民

太多太多，我们血脉相连的兄弟

太多太多，我们相扶相持的姐妹、父老乡亲

因为你们

武汉的夜

从来没有这样的温暖，这样光明

因为你们

这个春节

这场没有硝烟的战役，将永记你名！

3. 领唱、合唱《中华儿女》

女：狂风肆虐着原野

暴雨正在奔袭

我的兄弟，快快奋起

哪怕前方遍地荆棘

合：挽起手臂，团结如一

友爱之花开在东海之滨

男：无问欢乐和痛苦

脚步绝不停息

我的兄弟，快快奋起

冲破黑暗迎接黎明

合：矢志不忘，坚定不移
　　荣耀之花绽放东海之滨

合：我们有古老的中华文明
　　如今更是蓬勃年轻
　　为你，为我；为家，为国
　　无论哪里，我们竭心尽力

合：我们的血液流淌着中华之名
　　群星璀璨光耀大地
　　为你，为我；为家，为国
　　群峰之巅，太阳正在升起

第四乐章　春·归

【串词三】

3月19日，武汉新增、疑似归零
4月8日，武汉解封

春分雨脚落声微，柳岸斜风带客归

东湖的樱花开了

街上的行人多了

藕汤和热干面的香味飘了起来

黄鹤楼的风暖洋洋的

老河口的梨花照亮了天

骀荡的风，柔情的雨，妩媚的柳

满满的，溢着，全是春的蜜意

1. **女中音独唱《亮光》**

（给李文亮，也给所有前行的、牺牲的人）

天幕低垂

眼前征程漫长

永揣信仰之光

前行在路上

夜色苍茫

心中灯塔明亮

点燃漫天星光

在旷野上呼喊

蹚过这夜的泥潭

越过这夜的绝望

黎明正扇动翅膀

当曙光初现

背后阳光一片

难掩你光芒

2. 男中音独唱与交响乐队《春的消息》

当门外的脚步轻轻响起

可是远方的你带来春的消息

一身疲惫落满征衣

他乡的人儿终于等到归期

回望来时的历历痕迹

龟蛇锁江霜雪满地

逆行在浩渺的烟波里

半山的夕阳诉说往昔

春在哪里？拂面温暖的风

春在哪里？润物无声的雨

春在哪里？繁花落地成梦

寒冬未尽，你可见到春的丽影

燕已归来，你可听到春的消息

寒冬未尽，燕已归来

寒冬未尽，燕已归来

寒冬未尽，燕已归来

当门外的脚步轻轻响起

可是远行的你带来春的消息

寒冬未尽，燕已归来

寒冬未尽，燕已归来

寒冬未尽，燕已归来

3. 混声合唱《凝望》

白天对黑夜凝望，你就是那安宁静谧的梦

阳光对雪花凝望，你就是那少年青葱时光

河流对山川凝望，你就是那回不去的故乡

春天对冬天凝望，你就是蕴积潜藏的力量

啊啊啊……

黑夜对白天凝望，你就是那点燃火把的光
雪花对阳光凝望，你就是那温暖孤独的力量
山川对河流凝望，你就是那永远的远方
冬天对春天凝望，你就是那蓬勃生长的希望

尾 声

【串词四】

春天正在来临
正在一点儿一点儿地靠近
三月的花
正在一点儿一点儿地苏醒

其实
你，就是三月
就是生生不息
是生命之初的那一丝萌动
是人生尽头最美的那抹桃红

语言是那样的贫乏
生命是那样的沉重

语言是那样的抽象
而你，是那样的让天地动容

1. 乐队《生命之春》

2. 交响合唱《春满大地》

鸟儿掠过山脊
阳光穿过树林
春天来临
春天来临

鲜花开满大地
东风染绿河堤
春天来临
春天来临

徜徉在春的怀里
心儿飘荡到天际
春天来临
春天来临

春天来临

春天来临

……

【结束语】

  生命从来就没有尊卑
  病毒从来就没有疆界

  我们没法忘记
  为了这个艰难的春天
  我们和武汉，站在一起

  我们没法忘记
  为了这个迟来的春天
  世界，和我们站在一起

  因为爱，日月同天
  为了爱，日月同天

  如今，这蓝色的地球上
  病毒尚未完全绝迹
  痛苦依旧还在呻吟

  投我以木桃，报君以琼瑶

人类前行的路上,怎能少了同行
跨越篱域,奏响爱的共鸣
携手奋进,捍卫生命的奇迹

2020年的春天,感谢有你!

蜀道之上

大型交响组歌

——献给建党100周年

序　　曲　神鸟飞太阳

第一乐章　蜀道之难

第二乐章　三国往事

第三乐章　昭化育人

第四乐章　穿越剑门

第五乐章　大地与天空

第六乐章　凉山欢歌

第七乐章　大美巴蜀

尾　　声　向未来

序曲　神鸟飞太阳

（混声合唱）

构思说明： 以三星堆、金沙为载体，表现古蜀文明的起源与流布。整个基调由远古转向璀璨，神秘浓郁的祭祀氛围，转向热闹鲜活的世俗生活。代表金沙文明的神鸟巡游在西南的天域，飞向浩瀚太空。

基调： 悠远高古、神秘、雄奇。

纵目远方
谁的呼唤穿越河汉

（女声：候人兮猗——）

飞越群山，
谁的脚步追赶太阳

(女声：候人兮猗——)

三星的夜空堆积幻想
远古的金沙落满权杖
杜鹃还在
杜鹃还在
鱼凫的柳城依旧情长

(女声：候人兮猗——)

通天的路途遥远
像光一样，穿越河汉
通天的路途遥远
像风一样，跨越山岗

神鸟飞太阳
神鸟飞太阳

第一乐章　蜀道之难

（独唱、轮唱、混声合唱）

构思说明： 以李白的《蜀道难》作为基础文本，重新演绎改编成一部大曲，介入川剧的高腔、帮腔，形成混声合唱、独唱、轮唱等多种形式交织在一起的声乐作品。将蜀道的险峻、奇越、壮美进行排山倒海般的描述和反复咏叹。

风格： 尖峭热辣瑰丽奇谲，有川人川腔特色。

男：（川腔）噫吁嚱——危乎高哉！

合：（细密、快速）蜀道难、蜀道难、蜀道难、蜀道难……

男：（川腔，乐观、戏谑）蜀道之难，难于上青天哟……喂！

合　唱：蚕丛及鱼凫，开国何茫然！

　　　　　尔来四万八千岁,不与秦塞通人烟。
　　　　　西当太白有鸟道,可以横绝峨眉巅。
　　　　　地崩山摧壮士死,然后天梯石栈相钩连。

女　合:褒斜道子午道金牛道米仓道荔枝道,
　　　　阴平道牦牛道五尺道身毒道,
　　　　兵道盐道丝道茶马古道

　　　　　　　　　　　　合:(吟唱)
　　　　　　　　　美哉巴蜀兮,廪盈丰年。
　　　　　　　　　地处西南兮,高入云天。

男:青泥何盘盘,百步九折萦岩峦。
　　扪参历井仰胁息,以手抚膺坐长叹。
女:问君西游何时还?畏途巉岩不可攀。
　　但见悲鸟号古木,雄飞雌从绕林间。
　　又闻子规啼夜月,愁空山。

合:六龙回日,黄鹤高飞;
　　飞瀑争流,砯崖转石。
　　枯松倒挂,古木巉岩;
　　猿猱欲度,连峰去天。
　　　　　　　　　　　　合:(吟唱)
　　　　　　　　　峡崖巍峨兮,壁削似剑。

　　　　　　　　　　栈阁连云兮，马啸车喧。

合：（细密、快速）蜀道难、蜀道难、蜀道难、蜀道难……
男：（川腔，乐观、戏谑）蜀道之难，难于上青天哟……喂！

合　唱：
　　　　　美哉巴蜀兮，廪盈丰年。
　　　　　地处西南兮，高入云天。
　　　　　峡崖巍峨兮，壁削似剑。
　　　　　栈阁连云兮，马啸车喧。
　　　　　沃土千里兮，粟谷万石。
　　　　　薪传不绝兮，通我中原。

第二乐章　三国往事

（独唱、轮唱、重唱、合唱）

构思说明： 抒写三国往事，重现活跃在历史舞台上的英雄序列：从曹魏到蜀汉，从桃园结义到东吴君臣，华容道、白帝城、六出祁山、火烧连营……唱不完的英雄气象，数不尽的流风余韵。最后归束于历史烟云，长河远去。

基调： 有室内小歌剧元素，呈动态的戏剧性，壮烈豪迈与哀婉淡然并举。男声有心怀天下，一雄万夫，豪气干云的大丈夫气概。

女声则在心系于情的哀婉无常无奈，有历史评判的惋惜反思。

男声重唱：（"大丈夫"男声此起彼伏，连绵不绝，形成
　　　　　　排山倒海之势）

　　大丈夫处世兮立功名，立功名兮慰平生。

大丈夫处世兮遇知己，遇知己兮共祸福。

大丈夫生于天地兮，重然诺，泰山为轻！

大丈夫生于乱世兮，带三尺剑，立不世功。

合　唱：三足鼎立，江山半壁

　　　　一剑封喉，马上封侯

　　　　胸怀山河，青山踏破

见一人，步行出战，头裹黄巾，身披绿袄，手提铁棒，行步有威。

见一人，拍马出战，目似朗星，细腰宽膀，白袍银铠，威风凛凛。

男　声：（戏白）男子汉，大丈夫，今日受死，夫何足惜！

那一个，豹头环眼，燕颌虎须，声若奔雷，一声喝断在当阳；

那一个，丹凤眼，卧蚕眉，出五关，斩六将。忠义慨然冲霄汉；

那一个，紫金冠，百花袍，唐猊铠甲，狮蛮宝带，容貌轩昂，丰姿俊爽；

那一个，羽扇纶巾，笑谈风云，好似神仙降临。

男　　声：（戏白）男子汉，大丈夫，功业未遂，奈何死乎！

女　　声：那一片落花随水飘零
　　　　　那一弯冷月关隘凄清
　　　　　那一晚夜雨剑阁闻铃
　　　　　那一声叮咛千古零丁

　　　　　　　　　　　　　一点相思意
　　　　　　　　　　　　　一点风流意
　　　　　　　　　　　　　一点英雄气

　　　　　一人沿溪而行，皂布袍，逍遥巾，潇洒飘逸
　　　　　二人凭桌对饮：白面长须，古貌清奇
　　　　　三人桃园结义，沥肝胆，约死生，好不痛快淋漓
　　　　　四五人，五六人，六七人，七八人，九十成千上百人——
　　　　　千军万马，大江奔腾
　　　　　金戈铁马，势如决堤
　　　　　奋力厮杀，战马悲鸣

　　　　　着我青龙偃月
　　　　　挥我丈八蛇矛
　　　　　青锋剑，方天戟，万石弓，铁蒺藜
　　　　　踏关山，红尘一骑
　　　　　登高楼，天下归心

(女声：曲有误，周郎顾。

　　　芳草萋萋空念远，

　　天涯事，雪月黄昏度。)

男女声重唱：北方有佳人，遗世而独立

　　　　　　一顾倾人城，再顾倾人国

　　　　　　倾城与倾国，佳人难再得

　　　　　　……

　　　　　　有一人，老骥伏枥，志在千里……

　　　　　　有一人，中道崩殂，英雄满襟……

　　　　　　有一人，周公吐哺，忧国悯民……

　　　　　　有一人，鞠躬尽瘁，死而后已……

　　　　　　有一人，一苇渡江，逍遥前行……

　　　　　　有一人，暗香低回，一缕深情……

　　　　　　有一人，横刀立马，风云再起……

　　　　　　有一人，罗袜生尘，冷月空照菱花镜

混声合唱：五丈原上的秋风起了

　　　　　白帝城的猿声稀了

　　　　　青梅熟了，米酒绿了，铜雀台上，罗帷飘飘

　　　　　留下的香，谁分走了？

亲手做的鞋,卖了多少?
横槊大江的英豪,谁还记得有多少?

佳人笑,院落悄,相思不成调
夕阳没荒草,一代风流一代骄

(童谣起)

一凤并一龙,相将到蜀中。
风送雨,雨随风,
隆汉兴时蜀道通。

蜀道通,车水龙,
车水龙,颂文翁。
昭明帝德,化育人心,
巴蜀文章耀星空。

第三乐章　昭化育人

（童声轮唱、合唱）

构思说明： 立足蜀道文明传输之路，以学堂诵读的方式穿插出入，历数蜀地过往名人印迹，抒写四川尤其是成都在整个西南文明传承化育中的枢纽地位。表现近代蜀人、蜀学的兴盛和对中华文脉、文化火种的传承与保护。

基调： 学堂诵歌的形式，有文脉传递润物细无声的温情，也有抗战川人的热血抗争。

　　　　　　　　　　　童声诵读：万壑树参天，
　　　　　　　　　　　　　　　　千山响杜鹃。
　　　　　　　　　　　　　　　　山中一夜雨，
　　　　　　　　　　　　　　　　树杪百重泉。

陆游的毛驴进了剑门关
杜甫的茅屋挡不住雨点

浣花溪水染红了薛涛笺
东坡太白梦绕峨眉巅

李冰开了天府之源
文明化育西南连中原
武侯祠，贤臣典
文翁石室代代传

      童声诵读：桑叶猗猗青满湾，
          青丝作笼春昼间。
          桔柏江边采桑去，
          葭萌城外赛神还。

前蜀和成汉
花间词翩跹
摩诃池里流光转
芙蓉城外数飞烟
青城道教峨眉普贤
八百万年的熊猫
看不尽川剧的变脸
三百万川军浴血我中原

李庄把那薪火传
长征的火把照亮了天
文翁翻教授
不敢倚先贤

第四乐章　穿越剑门

（诗歌与乐队）

构思说明： 从交通反映新中国、新四川，表现蜀道日新月异的变化，由几对朗诵者，在不同的方位进行报道式朗诵，中间穿插以四川民歌，表现蜀地自然生态，风物人情，进而反映新中国领导下四川农林业的发展。

基调： 豪迈，热烈，表现一种开拓、进取性。

8 000公里，打马扬鞭
如果去奔赴一场盛会，这得见识多少悲欢
33.2万公里，舟车相继
如果是奔赴一场爱情，这该经历多少个世纪

这是川内陆地上的变迁
19条出川通道

点续着点，线牵着线，村连着村，家门对着家门
121条航线，1万公里航道
233万标箱、8000万吨的港口吞吐
五大洲，七大洋，城市连着城市，港口衔着港口
山连着山，水连着水；地，接着天

数字在不断地更新
理性，直接，坚硬，昂扬向前
凯歌在不断奏响
城市智轨，城际高铁，每一天都是新纪元

这就是蜀道，是穿越古今的长诗
这就是蜀道，是时代和科技的协奏
这就是蜀道，是个人和家国、天下谱写的新篇

穿越剑门
宝成线上的灯光还温暖着黑暗中旅人的眼
穿越剑门
巴山蜀水还回荡着昔日成渝线上的钢钎
穿越剑门
矫健的羚羊还依旧徜徉在川藏线的落日边

时速30公里，时光它慢慢地挪移，就像等待的延长线
时速300公里，久别重逢的憧憬和期待是那飞溅的鼓点

攀爬，盘桓，乡愁裹挟着思念
飞驰，迅疾，每一个远方都联接着明天

这就是蜀道，
一条见证时代沧桑巨变的发展之路
这就是蜀道，
一条辐射全球的光彩之路，越走越宽
这就是蜀道，
一条开拓未来的希望之路，越走越远

（混声合唱）

翠云哟长廊哟……古木苍天
绵州哟古道哟……久长悠远
剑门哟雄关哟……激烈壮怀

穿越哟秦岭哟……飞逝如电
飞上哟峨眉哟……翱翔云间
蜀道哟通畅哟……腾飞四川

这是一段历史，更是一个奇迹
穿越平原，穿越沼泽地
蜀道日新月异在变
跨越极寒，跨越横断山
蜀道已然沧海桑田

这是一段历史，更是一个奇迹

百年前

走秦凤，北历铁山剑门之雄

下荆襄，东涉瞿塘滟滪之险

通六诏，南观泸水大峨之奇

控吐蕃，西遇石门崆峒之障

百年后

阡陌纵横，四江六港

溜索还晃悠在金沙江上

川江号子已成远去的过往

从成都，经越滇黔藏

跨欧亚，到法国、阿姆斯特丹

去看伦勃朗，晒晒阿尔下午的阳光

我想去看看，阳光之下，美丽的藏寨、火热的羌塘

我想去看看，云端之上，羊角花和吗达咪的歌声绽放

去看看啊，想去看看

飞驰在世界屋脊之上的，是什么力量

回响在银河里的琴声，是谁在弹唱

去看看啊，想去看看

浩瀚的太空，奥秘越来越贴近我们的身旁

第五乐章　大地与天空

（对唱，齐唱，合唱，童声）

构思说明： 借用祖孙三代自然问答，对唱到宇宙哲思，融叙事、抒情、叩问于一炉。抒写我国第一代核工业工作者、科学家的奉献和特殊时期航天航空三线建设事业的艰辛和成就。表达对以四川为代表的科技工作者们永无止境的探索和奉献精神的颂扬。

基调： 现代、空灵，哲思；回忆、追怀。

孩子与多人对唱、轮唱（追溯三线，核工业，简单精神）

男声合唱（英雄颂歌）

多人与孩子对唱、轮唱（未来，理想，探索）

女声合唱（太空展望）

（对话）

孩　　子：夜晚我们靠什么指明？

爷　　爷：北斗星

孩　　子：我们怎么知道明天下雨还是天晴？

妈　　妈：北斗星哪

孩　　子：电话里怎会听到远方的声音？

爷　　爷：通过卫星

孩　　子：电视里怎么会有碧海蓝天？

爸　　爸：经过卫星中转

孩　　子：我们最远到过哪里？

奶　　奶：太阳系

孩　　子：太阳系的远方在哪里？

妈　　妈：银河系

孩　　子：银河里可有声音？

奶　　奶：有啊，古琴《流水》的声音

孩　　子：您怎么知道这些奥秘？

爸　　爸：因为我们有两弹一星

孩　　子：是谁造出了飞船，还有潜艇？

爷　　爷：科学家，还有太多太多的无名小兵

（混声合唱）

男　　合：

没有路，骑毛驴

没有菜，吃咸菜

没有房，牛棚、猪圈油毛毡

天当被，地当床，抬头就是星星和月亮

没有车，没有电，

肩挑手搭抬起来

厂房车间幼儿园，开山修路建起来

误差减了再减，稿纸堆上了天

合　　唱：

走进大山，走进戈壁

胡笳壮怀，驼铃逶迤

巩固国防，追寻浩瀚

北斗组网，天问探寻

女　　合：

你有多久没回家了啊

北京上海变化很大

你有多久没说家乡话了啊

你已经习惯把大山当作了家

结婚了

当爸爸妈妈了

　　　　孩子上学了
　　　　山里娃了，山里人了
　　　　山里的星星特别亮啊月光像思乡的梦一样

合　唱：
　　　　大山里的火箭，上天了
　　　　山里造的潜艇，入海了
　　　　还有神舟飞船，搭载上人了啊
　　　　头发白了，岁月走了
　　　　隐姓埋名，有时连自己都忘了啊

（两组齐唱、重唱）
子　辈：那时想要飞出山沟沟啊
父　辈：现在多想再回山沟沟啊

两组合：多想把故乡看一看

子　辈：看看童年美丽的故乡
父　辈：看看青春燃烧的战场

两组合：看一看那时间怎么流淌

合　唱：
　　　　岁月看老了星光

风沙聚了又散

这一去就是五十年

五十年

半个世纪的深山铸剑

三代人的家国情怀

摸索实验，战斗攻坚

为了国防，为了新中国的航天

太空耕耘，星移斗转

故乡和他乡早已无法分辨

二人对唱：

孩　子：人们为什么喜欢仰望蓝天？

妈　妈：因为有梦想在里面

孩　子：为什么夜晚星光如此璀璨？

妈　妈：人类用智慧将它点燃

孩　子：为什么人们总要探索未来？

妈　妈：因为远方值得我们期待

（齐唱、对唱）

孩子合：这个世界为什么那么温暖？

女　合：因为有很多人在默默奉献

孩子合：为什么生命那么值得珍惜？

女　合：因为一切不可能都会成为可能的契机

合　唱：
　　探索永无止境
　　未来是令人惊叹的谜
　　给生命以飞扬，给思想以浩瀚
　　给人类以光明，给时光以生命

　　一代又一代人的努力
　　青春和智慧的献祭
　　探索永无止境
　　未来是令人惊叹的谜

第六乐章　凉山欢歌

（独唱、重唱，合唱）

构思说明： 借助于口弦、月琴、火把节等元素，表现凉山彝族地区的自然美、生活美、风情美。由寻牛等彝族少年进一步延展至彝寨和整个大凉山，借助火把节，歌颂党的领导全凉山脱贫奔康，打开了通向世界通向未来的发展之路。

基调： 欢腾、热烈。

山羊翻过了高岗
野鹿跃过了河塘
风儿在山谷里回荡
约鲁阿普——（彝语：牧羊人）
我的心儿好恐慌
我的牛儿是不是喂了野狼

我听见鸟儿扑腾着翅膀

我闻到了荞麦的甜香

我看见阿妈在村口张望

阿依木干——（彝语：小伙子）

我的心儿好慌张

生怕错过了节日的欢畅

夕阳照进了村庄

鸡鸭回到了磨坊

我斜挎着猎枪骑在牛背上

沙兹阿玛——（彝语：村口的阿妈）

我有个心上的人儿

我要怎么对她讲

（彝语和汉语穿插：轻声、探寻、甜蜜、浪漫）

男合（汉语）：我要怎么对她讲？

女合（彝语）：安勒克姆你觉嘿（我要怎么对他讲）

男合（汉语）：我要怎么对她讲？

女合（彝语）：安勒克姆你觉嘿（我要怎么对他讲）

（音乐过渡，转欢快、热烈）

明亮的火把点起来

深情的梅葛唱起来

热烈的锅庄跳起来

摘朵美丽的索玛花——把她迎过来

月琴弹起来了,芦笙吹起来了

口弦弹起来啊,细月跳起来了

千万把弦子拨起来

千万面铜鼓敲起来

千万把月琴弹起来

千万张竹叶飞起来

香甜的米酒盛满白玉碗

忘不了悬崖上行路难如登天

住进簇新新的彝家小院

忘不了饥寒和着冷雨的当年

如今热腾腾的山乡巨变

忘不了党对凉山深情的关怀

(彝语):党的政策卡萨萨

   我们的国家瓦几瓦

   尼约匹者、嵯果孜莫

   拉成玛若,兹莫格尼……

太阳把月亮点燃了

歌声把春天唤醒了
红红的火把哟，把凉山的未来照亮
宽阔的大道哟，引领我们走向康庄

第七乐章　大美巴蜀

（混声轮唱、合唱）

构思说明： 成渝板块的联接，巴蜀再度牵手，表现巴蜀的崭新未来，和合奋进，天地大美。

基调： 繁富、绚丽，蓬勃生机。

这是一场亘古的爱恋
巴与蜀何曾真正分开
这是一场从未断绝的挂牵
成渝再度相连

（重唱）
山巍峨，水浩荡
山奇峻，水灵秀
山秀美，水妩媚

山温润，水多情

文传汉唐，分一缕茶香
诗映河汉，领半壁江山
浣一段锦，濯出一条瑰丽锦江
清一清嗓，吼一声川腔高亢
推一杯盏，达观随和包容现代
护家卫国一样热血澎湃义薄云天

美哉，巴山蜀水
壮哉，蜀水巴山

这是一片值得的期待
西襟欧亚东连大海
我们耕耘古老
我们播种年青
我们收获希望
我们拥抱未来

尾声　向未来

（混声合唱）

构思说明： 承上一乐章，颂歌形式，混声合唱，乐队为主。
基调： 华丽、高亢。

红旗卷
雄鸡一唱天下白

向明天，新时代
人豪迈，心豪迈

阔步向未来
阔步向未来

图书在版编目(CIP)数据

诗·乐·空间 / 左芝兰著. —上海：文汇出版社，
2022.7
ISBN 978-7-5496-3722-5

Ⅰ.①诗… Ⅱ.①左… Ⅲ.①剧本－作品综合集－中国－当代 Ⅳ.①I230

中国版本图书馆 CIP 数据核字（2022）第 034693 号

诗·乐·空间

著　　者　左芝兰
责任编辑　徐曙蕾
装帧设计　一亩幻想

出版发行　文匯出版社
　　　　　上海市威海路 755 号
　　　　　（邮政编码 200041）

照　　排　南京理工出版信息技术有限公司
印刷装订　上海巅辉印刷厂有限公司
版　　次　2022 年 7 月第 1 版
印　　次　2022 年 7 月第 1 次印刷
开　　本　890×1240　1/32
字　　数　170 千
印　　张　8.625

ISBN 978-7-5496-3722-5
定　　价　48.00 元